NEI MENG GU GU TA

内蒙古旅游文化丛书

主　编：马永真　乔　吉
副主编：毅　松　金　海



# 内蒙古
# 古塔

那木斯来　何天明　编著

内蒙古出版集团　内蒙古人民出版社

**图书在版编目(CIP)数据**

内蒙古古塔/那木斯来,何天明编著. —呼和浩特:内蒙古人民出版社,2013.11

(内蒙古旅游文化丛书)

ISBN 978－7－204－12530－2

Ⅰ. ①内… Ⅱ. ①那… ②何… Ⅲ. ①古塔—介绍—内蒙古 Ⅳ. ①K928.75

中国版本图书馆CIP数据核字(2013)第273108号

# 内蒙古古塔

| | |
|---|---|
| 作　　者 | 那木斯来　何天明 |
| 责任编辑 | 董立群　石　红 |
| 封面设计 | 宋双成　李　琳 |
| 责任校对 | 李向东 |
| 出版发行 | 内蒙古出版集团　内蒙古人民出版社 |
| 地　　址 | 呼和浩特市新城区新华大街祥泰大厦 |
| 印　　刷 | 内蒙古爱信达教育印务有限责任公司 |
| 开　　本 | 920×1300　1/32 |
| 印　　张 | 4.25 |
| 字　　数 | 120千 |
| 版　　次 | 2014年1月第1版 |
| 印　　次 | 2014年1月第1次印刷 |
| 印　　数 | 1—4000册 |
| 书　　号 | ISBN 978－7－204－12530－2/G·2725 |
| 定　　价 | 13.50元 |

如出现印装质量问题,请与我社联系。联系电话:(0471)4971562　4971659

# 总 序

内蒙古自治区位于中华人民共和国北部边疆，与黑龙江、吉林、辽宁、河北、山西、陕西、宁夏、甘肃八个省、自治区毗邻，北部和东北部与蒙古国、俄罗斯接壤，有4200多公里的国境线。面积有118.3万平方公里，占全国总面积的12.3%，在全国省区中面积仅次于新疆和西藏，居第三位。在这广阔的地域上居住着蒙古、汉、回、满、达斡尔、鄂温克、鄂伦春、朝鲜、俄罗斯等诸多民族的人民，其中蒙古族是自治区实行区域自治的民族。

内蒙古地区主要是高原地带，大部分地区均在海拔1000米以上，这里有东北部的呼伦贝尔高原、北部的锡林郭勒高原、中北部的乌兰察布高原、西部的巴彦淖尔至阿拉善高原、西南部的鄂尔多斯高原。

内蒙古的戈壁、沙漠早已闻名于世。阿拉善高原的巴丹吉林沙漠是我国三大沙漠之一，巴彦淖尔到阿拉善高原的腾格里沙漠、巴音温都尔沙漠、乌兰布和沙漠、鄂尔多斯高原的库布其沙漠都是举世闻名的荒漠景观。

内蒙古是一个多山脉的地区。历史地理学家亦邻真教授对内蒙古地区的主要山脉有这样的描述：纵贯自治区东半部的大兴安岭、横亘中部的阴山山脉和西南部的贺兰山脉。这些山脉山岭绵亘，延续不断，长达2600多公里，形成了内蒙古高原的地貌脊梁。大兴安岭以洮儿河为界，分南北两段，北段约长670公里，有伊勒呼里山、雉鸡场山等，南段又称苏克斜鲁山，长约600公里。阴山山脉包括大青山、乌拉山、色尔腾山和狼山。贺兰山脉长270公里，主峰达胡洛老峰高3556米，是内蒙古最高的山峰。

内蒙古有许多河流。黄河自宁夏石嘴山流入内蒙古，又从内蒙古准格尔旗榆树湾流出内蒙古辖境，这段干流长达 830 公里。黄河大小支流在内蒙古鄂尔多斯高原、河套平原和土默特平原上有乌加河、昆都仑河、大黑河、浑河、乌兰木伦河、红柳河等等。中部地区有永定河的上游和滦河的支流。正蓝旗境内的上都河就是滦河的上游，长约 254 公里，元上都遗址在上都河北岸。在东部区辽河上游西辽河的主要支流都在内蒙古赤峰和通辽地区。嫩江是内蒙古东部最大的河流，它的重要支流都在内蒙古东北部。黑龙江的上段额尔古纳河，长达 540 公里，经呼伦贝尔草原西部和北部蜿蜒汇入黑龙江。

内蒙古地区具有世界上罕见的富饶的天然牧场，这里的草原像亚欧中部和南美洲、北美洲的草原一样，都是极好的畜牧基地。它在我国五大草原中居于首位，面积达 88 万平方公里以上，超过全区土地面积的 74%。当春光明媚的季节来临时，这里的草原分外美丽，在蓝天白云的下面，一碧千里，无边无际。

在内蒙古一望无际的大草原中间，既有明镜似的大湖，也有星罗棋布的小泊和碧水澄清、芦苇丛生的海子。呼伦湖是内蒙古最大的淡水湖，蒙古语称之为“达赉诺尔”，意为海湖，面积 2200 平方公里，盛产多种鱼类。还有一个贝尔湖，蒙古族称这两个湖为姊妹湖，呼伦贝尔草原即因这两个湖而得名。此外，还有河套平原的乌梁素海、哈素海，察哈尔草原的岱海和黄旗海等海子，克什克腾旗的达里湖，锡林郭勒草原的库勒查干淖尔、额吉淖尔，额济纳旗的居延海（嘎顺淖尔和索果淖尔）等等。

内蒙古的高原地带有广阔无际的平原，内蒙古著名的两大平原即河套平原和土默特平原。自清代以来，尤其是中华人民共和国成立以来，在这两个平原上开辟沟渠，引黄灌溉，形成著名的“塞上谷仓”。此外，内蒙古大兴安岭中段的松嫩平原属于草甸草原或森林平原，发育着肥沃的黑土，适于畜牧和耕作。

在内蒙古有着丰富的矿产资源。很长时间里，“东林西铁，遍地是煤”，这是内蒙古人形容家乡自然资源的引以为自豪的赞美之词。所谓“东林”，是指内蒙古东部呼伦贝尔境内大兴安岭的林区。大兴安岭是内蒙古的绿色宝库，它南起松辽平原，北抵中俄边境，纵横1400多公里。这里有童话般波澜起伏的原始森林，生长着银白色的白桦树，高达30米的“兴安落叶松”，内蒙古人自豪地称：“兴安岭上千般宝，第一应夸落叶松。”兴安岭是落叶松的海洋。所谓“西铁”，是指内蒙古西部包头至白云鄂博，集宁至二连浩特两条铁路沿线的黑色金属矿产之一的铁矿资源，它是钢铁工业的基本原料。包头地区的矿产资源丰富，白云鄂博矿是座举世罕见的多金属共生矿床。铁储量占内蒙古自治区总量的一半，为包钢主要原料；稀土储量居世界首位，被誉为世界“稀土之乡”，为包头钢铁稀土公司的原料基地。所谓“遍地是煤”，是指内蒙古地区煤炭资源分布广泛，煤炭储量8000亿吨。集中分布在呼伦贝尔、通辽、锡林郭勒、赤峰和鄂尔多斯等盟市，几个大煤田的储量占自治区总量的95%以上。上述地方的煤田厚度大，埋藏浅，易于露天开采，国家5大露天煤矿的4个就在其中。东胜煤田的精煤和阿拉善盟的无烟煤（太西煤）以质优著称于世。此外，内蒙古天然气储量1.67万亿立方米，煤层气储量10万亿立方米，石油储量6亿吨以上。风能可开发量占全国一半以上，目前风电装机1670万千瓦，居全国首位。光能资源居全国第二位，稀土储量居全国第一。内蒙古有耕地1.07亿亩，人均4.4亩，居全国首位，牛奶、羊肉、山羊绒、细毛绒等特色优势畜产品产量多年来居全国第一位。

在我国历史上，内蒙古地区是一个有许多北方少数民族聚居，创造了丰富多彩的草原文化的地区。经过多年研究，我们提出的草原文化同黄河文化、长江文化一样，是中华文化的主源之一，是其重要组成部分，是其发展的重要动力源泉的基本观点，已经得到各界的认同。内蒙古是中国北方草原文化主要发祥地和传承地，在历史的长河中，北方众多的草原民族在这里一个接一个地演出了有声有色的历史剧，对中国历史和人类文化宝库做出了重要贡献。旅游业是反映和展现历史文化宝库的一个窗口，从这个窗口我们可以看到昔日富有特色的文明史，独具魅力的人文景观，雄伟壮丽而奇秀多姿的大自然，丰富多彩的各民族文化的交往、渗透及其内涵。具体到草原文化的荟萃之地内蒙古来说，文化宝库的这个窗口不仅重要，而且最直接反映了内蒙古草原文化的丰富内涵。所以我们说，它确有得天独厚的诱惑力。2013 年 3 月内蒙古自治区党委确定的“8337”发展思路中，提出要建设“体现草原文化、独具北疆特色的旅游观光、休闲度假基地”，为内蒙古旅游业的发展指明了方向。我们编写这套《内蒙古旅游文化丛书》正是贯彻、响应“8337”发展思路，助推内蒙古文化旅游大发展的一个重要举措。

古人说：“读万卷书，行万里路。”对古人来说“行万里路”是非常艰难的事，然而对今天的人类而言行万里路已不再是困苦之事。今天，旅游已经成为人们生活中不可或缺的内容之一。在我国历史上，许多中原地区的官员、学者、文人墨客以及西方探险家们，都曾怀着各种不同的愿望，到内蒙古地区考察观光，并把他们的所见所闻记录下来，流传于后世。史学家把这些所见所闻的记录称之为“行记”，用今天的话来说也就是“旅行记”吧。毫无疑问这些“旅行记”是了解古代内蒙古地区历史文化遗产的珍贵史料。然而由于当时的条件，这些“旅行记”存在着历史时空的局限，流传面窄，一般读者很难看到；另外有些“旅行记”并非印本，只是一代一代靠传抄留世，所以讹误甚多，寻找和阅读均非易事，尤其对一般旅游爱好者来说，甚为不便。我们想，“读万卷书”和“行万里路”同等重要，不仅需要通过旅游——“行万里路”获得感性认识，而且需要通过读书获得理性认识。我们编著《内蒙古旅游文化丛书》的目的，在于尽可能深入挖掘和全面系统地整理内蒙古的旅游资源，更好地提供为内蒙古旅游业服务的新优佳旅游文化产品。当然，我们在编写过程中注意到，内蒙古素有“中华文明曙光升起的地方”、“北方游牧民族的摇篮”的美誉，承载了内涵丰富、特色浓郁、建构完整的草原文化，所以，丛书特别注意了历史与现实主旋律的有机结合。因为在内蒙古这块土地上生活的各民族人民的历史活动是中华民族历史的一个重要组成部分，蒙古民族的历史活动，对于世界历史产生了巨大、深远的影响。正因为有如此恢弘的历史，在他们悠久的文明史上产生了多元、多层次的文化积淀形态，这种文化积淀形态直到今天仍然是中华民族优秀传统文化中最具魅力的文化瑰宝之一。

为此，《内蒙古旅游文化丛书》的内容，依然以内蒙古地区是中国北方草原文化发祥地、传承地这一历史特色为主，将与草原文化相关的人文景观、自然景观、名胜古迹、风物民俗等方面分成十三个专题，以专题分册，图文并茂，专述专论，以此呈现内蒙古各民族历史文化之真实，以飨读者。

《内蒙古旅游文化丛书》是 2002 年提出并实施编著工作的，作为内蒙古社会科学院年度重点课题之一，其倡议者是时任内蒙古社会科学院院长刘惊海教授。这套丛书的总设计和策划归功于他。该丛书由内蒙古人民出版社在 2003 年出版后，产生了良好的社会效应。2012 年，经内蒙古人民出版社与内蒙古社会科学院商定，予以重新编撰出版。参与初版编写和新编丛书的作者群，以内蒙古社会科学院的中青年学者为核心，同时邀请了内蒙古大学、内蒙古财经大学、内蒙古自治区民委、内蒙古文物考古研究所、呼和浩特市人大常委会和呼和浩特博物馆等单位的数位专家学者参与。此次《内蒙古旅游文化丛书》的新编部分分别由一位或几位作者执笔，这些作者都是在各自学科领域中有专长、有建树的专家学者。为了丰富本丛书内涵，这些作者以可信的历史资料为凭据，涉猎中外游记、考古方面的众多文献，并佐之以深入实地调查、民间采风，从而使之成为融历史真实性与科学性、知识性与趣味性为一体的旅游文化读物。本丛书坚持普及与提高相结合，并加入触景生情引发出的民间故事、神话传说与人物典故，从而达到扩大旅游者对内蒙古的感性认识和理性认识的目的，成为旅行者随身携带的导游手册，成为放入行囊带给亲友的一份厚礼。我们认为，这是此套丛书的独到之处。当然，由于时间仓促，水平有限，丛书中也许会存在一些问题，如，在旅游知识的深度和广度，内容的相互衔接，表述风格的一致等方面，尚有待于提高。

新编《内蒙古旅游文化丛书》是首次出版发行的以内蒙古地区历史和文化为主要内容的旅游文化丛书。我们编写这套《内蒙古旅游文化丛书》，既是为了满足当前国内外旅游业蓬勃发展的需要和旅游者的渴求，也是为建设内蒙古体现草原文化、独具北疆特色的旅游观光、休闲度假基地做一份贡献。我们希望这套丛书，能够成为海内外广大旅游爱好者，包括内蒙古自治区各旅游景区导游工作者在内的旅游系统从业人员，以及高等院校、中等专业学校旅游专业的师生等广大读者喜爱的读物，我们认为这是极有意义的工作。我们作为本套丛书的主编，感到十分荣幸。受到内蒙古人民出版社和丛书诸位编著者的委托，当这套丛书新编出版之际，写了上面一些话，权以为序。

马永真　乔吉

2013 年 11 月于内蒙古社会科学院

# 前　言

本书是根据《内蒙古旅游文化丛书》的宗旨而编写的有关内蒙古现存古塔的介绍。

佛塔是佛教文化的内容之一，也是佛教得以传播和发展的必然产物。在历史上，随着佛教的传入和发展，我们内蒙古地区曾建造过数千座风格古朴典雅，造型极为美观的大小不同的各类佛塔。它是各民族共同创造的灿烂的文化艺术，具有独特的艺术内涵和观赏价值。可惜，由于时代的变迁和天灾人祸之故，大部分佛塔已被毁坏或倒塌。但是，所剩的佛塔依然容光焕发，吸引着中外众多游客，前来游览观赏。其中，有些地方的佛塔，倒塌后，经过重修，已恢复了巍峨挺拔的古貌。有人说，“古塔要揭秘”，其实，也没有那么多秘密，无论是辽金时代的密檐式和楼阁式佛塔，还是元、明、清时期的覆钵式佛塔，其造型风格和艺术等诸方面，已有所规范和固定的格式，并非千变万化。因此，没有什么神秘可言。其所谓的“揭秘”，无非是围绕修建佛塔的历史环境、所涉及的活佛、历史事件等方面，运用真实而可靠的史料，加以介绍而已。

此书并非学术著作，书中个别图片采用了呼和浩特市文化局、文物管理处和内蒙古画报社等单位所编的书刊上发表的作品；还有一部分是由乔吉、秦保平、扎拉森、卢明辉、王未想等同志提供，在此向他们表示诚挚的谢意。

那木斯来　何天明

2013 年 11 月

# 目　录

# 内蒙古地区辽金佛塔纵览

NEIMENGGUDIQU LIAOJINFOTA ZONGLAN

辽金时期，我国古代北方游牧民族契丹族、女真族先后统治北方。在相对和平的社会环境中，各个民族长期交往，创立了特色浓郁的多民族文化。受唐代佛教的影响，佛教在辽金两朝也出现了令人瞩目的发展。北方草原地区佛寺、佛塔的兴建更是具有开拓性的意义。尤其是辽代，就连统治者对佛的信仰都达到了登峰造极的地步。所以，佛寺与佛塔也就得到了大规模的兴建，并在宗教文化中占据了相当重要的位置。

历史造就了许多辉煌，也留下了许多迷茫。

今天，当我们来到内蒙古地区，在各地游览先人们留下的遗迹时，辽金时期的佛塔已成为了解当时佛教历史状况的宝贵实物资料之一。同时，建造于北方草原地带的一座座佛塔，也会使中外观光旅游的客人们领略到不同于繁华闹市的质朴与宁静。如果你能够对当时的历史有所了解，那么，或许还会依稀地感觉到我们千年左右的北方草原，并非仅仅有畜群、牧歌与飘香的奶酒，也有经过各族民众之手创建的草原城镇以及神圣的佛寺和佛塔。在那个年代，许多人为求得心灵的平静而皈依佛门，企盼着佛能够为他们除去天灾人祸，保佑今生也保佑来世，这正是历经唐末、五代战乱以后各族民众真实的心理写照。历史证明，辽金时期，佛教文化曾经在这片古老而又神奇的大草原上迸放过耀眼的光芒。

在辽金时代的佛教建筑中，佛塔占有十分醒目的地位。现存于内蒙古自治区境内的辽金佛塔，既具有宝贵的文物价值，又是旅游观光者鉴赏当时佛教文化的珍贵实物。

契丹族建立辽朝，除了比较充分地保留了本民族的传统习俗外，在政治、经济、文化等各个方面还大量吸收了中原封建政权的内容，特别是唐代的典章制度、礼仪以及佛教习俗，乃至佛寺、佛塔的建筑技艺。随着辽朝社会封建化的进程，契丹族最早信仰的萨满教在大多数情况下是出现在契丹本族的祭祀礼仪活动中。而佛教却受到辽朝统治者的重视。上自契丹皇帝和贵族，下至辽代各族百姓，崇佛之风日甚，至辽兴宗、道宗时期达到全盛。应当说，在辽代的宗教领域，佛教占有相当重要的地位。

女真族灭辽，建立金朝。随着其社会封建化的进程，女真人信奉的萨满教逐步成为居住在东北地区的女真人的主要信仰。金朝统治区内的其他各族民众更多的是信仰佛教和道教。佛教在金朝虽然不如辽朝那么兴盛，但也是地位十分重要的宗教之一，也曾出现过“僧居佛宇，冠于北方”的兴盛时期。金朝统治的各个地区也都兴建了不少佛寺，像金上京的兴王寺、光林寺、庆元寺，辽阳府的清安寺等。但是，金朝在建筑佛塔方面却远远逊色于辽代。因此，我们今天能够在内蒙古地区见到的金代佛塔要远远少于辽代。而从辽代佛塔中，却往往可以察觉到金代维修的痕迹。

在一般情况下，佛塔和佛寺是紧密相关的，有塔即有寺。如果塔建在寺院内，大多在寺院平面的中轴线上选择建造的点位；建于寺院之外者，也都离佛寺不远。而且，寺、塔一般都选择风景秀美、山水相依之地而建。辽代比较全面地因袭和改造唐代的制度，在建筑佛塔、佛寺方面也较多反映出唐代的风格。佛寺大小不等，遍布五个京城及其周围，至少有千座以上，具体数目现已很难作出准确的统计。与之相对应，辽代也兴建了数量相当多的佛塔，现存者仅仅是一小部分。但从今天勘察到的辽塔分布的情况分析，辽代兴建佛塔是随着当代历史的发展，随着统治者对佛教崇信度的日益深化而不断增多的，至辽道宗时期达到高峰。辽代兴建佛寺、佛塔已经达到了登峰造极的地步。另外，辽代佛塔按照历史发展先后还呈现出由北向南扩展的动向。可以说，这从一个角度上反映出农牧两种文化不断靠近的发展趋势。

据统计，我国现存辽代佛塔有100多座。塔的种类大体为密檐式或楼阁式，也有一部分僧塔、比丘塔。佛塔的主要用途是供信徒们礼拜、藏经和登临。辽代佛塔以砖木结构为多见，也有少量的石筑塔，以模仿木建筑结构为特色。全木结构的辽塔仅有山西省应县“佛宫寺释迦塔”一座。辽塔选材大多十分讲究，尤以塔砖承压能力强为特点。今存许多辽塔经千年而无大损的主要原因之一就是砖的烧制质量很高，其烧制工艺甚至在今天仍是值得认真研究的。辽代佛塔建筑平面多呈八角形。这种八角形的佛塔，与佛教之中的八大灵塔、八菩萨、八佛具有直接的关系，建塔者往往将这些刻记于所建佛塔的转角处。塔层不论多少，一般多呈单数。佛塔的设计者、施工者也都要进行挑选。许多佛塔都是由官家出面投资兴建。辽塔之内大多藏有舍利子，但有真假之别。有些塔中还藏有珍贵的经卷和古代的器具。总体而言，辽塔具有鲜明的时代特色、民族特色、地方特色，甚至多民族交融的特色，是我国古代佛塔艺术的杰作。

内蒙古自治区现存佛塔中，经考古发掘和修缮，具有代表性的有以下几座：辽上京境内的释迦佛舍利塔、上京南塔与北塔；辽中京境内的感圣寺佛舍利塔、中京小塔与半截塔、龙化州塔、五安州塔、塔子沟白塔；辽西京境内的万部华严经塔等。在此，仅对具有较强观光价值的予以简单介绍。因金代佛塔真正能够单独予以介绍的甚少，所以，仅对金代小塔以及金朝修葺过的辽塔随文介绍，不再多立条目。

# 耸入云霄的古庆州白塔

在风景优美的大兴安岭南麓，碧绿的草场和古老的河流依然装点着这片神奇的土地。这里是契丹族的故乡，也是草原文化与农业文化互融的殿堂。

辽朝中期以后的几位皇帝就安葬在这块山水相映，碧水蓝天，幽谷林密的土地上。他们生前都是佛教的忠实信徒，为这里佛事的兴盛投入了相当的精力与财富。今天，辽代庆州城遗址内的“白塔”，以它古老的身姿，迎接着八方信徒，诉说着历经千年的故事。

释迦佛舍利塔俗称“白塔”或“庆州白塔”，也有称其为“释迦如来舍利塔”者。塔高 70 余米，八角七级，砖木结构，属楼阁式佛塔。位于今天内蒙古自治区赤峰市巴林右旗索博日嘎苏木辽代庆州城遗址内西北角，辽代归上京道管辖。据发现的“螭”（古代传说中一种没有角的龙）记载，这座佛塔是辽兴宗生母法天应运仁德章圣皇太后“特建”。开工时间为辽兴宗重熙十六年（1047 年）二月十五日，建成于重熙十八年（1049 年）七月十五日。

庆州白塔

辽庆陵位于内蒙古宁城庆州城遗址北约10公里，辽圣宗与辽兴宗、道宗、仁德皇后、钦哀皇后等都葬于此。

据史书记载，章圣皇太后崩于辽道宗清宁三年（1057年）十二月己巳。翌年五月，皇帝下诏，定其谥号为钦哀皇后。癸酉，葬于庆陵。庆陵出土的“钦哀皇后哀册”说她“好尚古风，勤求实际，普全六行之余，洞达三乘之义。动必协于人心，静必从于佛意”。不难看出，章圣皇太后是一个虔诚的佛教徒。辽圣宗去世后，她曾经把持朝政约四年之久，兴宗对她也甚是敬重。还政于兴宗以后，其兄弟萧孝穆等又都先后在重熙年间执掌重权，因此，她仍然在各方面享受着朝廷的优厚待遇。至于此塔为什么是“特建”，还应根据“建塔碑”中提供的线索，并结合当时的历史情况予以分析。我们注意到，“建塔碑”中有“今具奉宣提点勾当职官员位姓名如后”之语。“奉宣”，即奉帝王的“宣谕”，这应当是没有什么疑问的。由此可见，释迦佛舍利塔是辽兴宗下令为章皇太后“特建”的。正因如此，才有可能配备一个由军政领导、宗教人士、财政后勤以及各类技术人员组成的建塔班子。这座塔的兴建速度、艺术价值、结构质量等也都证明了这一点。

释迦佛舍利塔在我国古塔建筑中具有代表性。这在许多方面都有反映。

释迦佛舍利塔反映了辽朝佛教与政权的密切关系。据《辽史·兴宗纪一》记载，兴宗继位以后，于当年六月改元“景福”。七月，在庆陵之南建庆州，迁徙各族民众至这一地区。所徙之民，仅蕃、汉守陵者就达三千户之多，并且都归属中央的大内都总管司管领。可见，建庆州的初始意图是“奉陵”。这就在很大程度上提高了庆州城的地位。

建塔地点选择在辽代皇家陵寝之一“庆陵”(即“永庆陵”)的南面，在某种程度上反映了辽代圣、兴、道三帝时期皇权与佛教的关系。“建塔碑铭文”开卷便有“南闫浮提大契丹国”之语，清楚地表明了佛教与政权之间的密切关系。至于“南闫浮提”写在“大契丹国”之前，是否就标志着佛教的地位高于政权，仍应深入研究。因为，目前尚没有文献或考古资料能够进一步证明辽朝政权是以佛教为主的政教合一的统治体系。但是，对于“南閆浮提大契丹国”，从另一个角度去理解，即辽朝皇帝希望佛来护佑，特别是能够在死后进入佛教所描绘的极乐世界，在那里仍然会有一个美好的大契丹国似乎更合乎情理。

释迦佛舍利塔反映了辽兴宗与生母之间的悲欢。“章圣皇太后特建”一句，如果结合当时的历史理解，可以视为建塔的直接原因。圣宗死后，章圣皇太后主要有两件事使兴宗不满意。一是诬陷并加害仁德皇后；另一是欲立少子耶律重元为帝。在这两件事中，“密谋立重元”的失败导致了她退出政界，并造成了与兴宗之间的隔阂。重熙三年（1034 年）五月，章圣皇太后迫于多方的压力，还政于皇帝，躬守庆陵。此事在《辽史·后妃传》中则载为“帝收太后符玺，迁于庆州七括宫”。“收”与“还政”不同，前者为强迫，后者为自愿。实际上就是软禁，使其在圣宗陵前反思。直至重熙八年（1039 年）秋，兴宗才将她接到显州。在这长达五年近似于幽禁的生活中，辽兴宗在重熙六年以前没有去看过她。作为生母，受到亲生儿子的如此对待，其心理状态可想而知。但从重熙八年以后母子之间的关系发展分析，与其说这种软禁是让她深入反省，远离钩心斗角的权力之争，还不如说是为提供了清心敬佛的机会和环境。

事实也证明，章圣皇太后在此之后基本没有涉足政治。在史料中反映较多的是她“召僧论佛法”，以及同兴宗皇帝素服“饭僧”之类的事迹。而且，兴宗也似乎对幽禁母亲深感内疚，“朝皇太后”的举动十分频繁。这样，一个潜心于佛，一个补报孝心。兴宗为她“特建”佛塔也是很自然的。

释迦佛舍利塔又是辽代建筑史上的杰作。建塔地点选择在风景宜人的大兴安岭南脉，这里有峻险离奇的山峰，面对潺潺而流的查干沭沦河。在辽代这里曾经是皇帝每年的狩猎地。该塔造型庄重秀丽，通体洁白，远远望去，仿佛由它把碧绿的草原与蓝天白云连在了一起。登高俯瞰，又如镶嵌在山水相映、祥云笼罩的草原上的洁白的花朵。近观细看，此塔建筑工艺精湛。塔身托于仰莲塔座之上，外檐上饰有螭首、铁马、铜人。尤为引人注目的是塔檐和塔刹上嵌有的铜镜，经过九百余年的风霜雨雪，虽有许多已经脱落，但现存的数百面仍在阳光下放射着绚丽的光芒。塔上的浮雕既有宗教内容又有民族特色。这些浮雕中有汉白玉菩萨坐像，有全身披挂、手持兵器的天王，还有宝花、祥云、狮子、大象、麒麟、伽陵频加、胡人献宝以及乐舞等内容。

此塔的建筑结构也有独特之处。虽为八角七级的空心楼阁式建筑，但却未设置梯道，故无法顺利登塔。每层有塔室，七层均设有假门，塔室之间互不相通。塔刹的各个部件制作精湛，采用了铸铜鎏金的独特工艺，这也反映了该塔作为“奉陵邑塔”的级别和地位。在塔中还发现了一部分很有价值的文物，如：当时藏于塔刹相轮堂中的《佛说摩利支天经》、《金刚般若多罗蜜经》以及木质法舍利塔、银舍利瓶、琉璃舍利瓶、银杯、水晶杯、丝织品、刺绣品等。另有题记三十余条，从中可以窥视出辽代至清代修塔的情况，也可以探索此地的民俗及民族构成。

这座塔也是辽朝仍处盛世的历史见证。此塔的建筑时间，正是辽宋“关南之争”和平解决之后，辽朝与宋朝的关系平稳时期。按照和谈条件，宋朝的“岁币”每年如期抵辽，这样，辽朝政权拥有兴建这座塔的社会环境，也具备建塔的人力、财力和技术力量。这可以从“螭首造像建塔碑铭文”和“圆首建塔碑铭文”的内容中窥之一斑。

辽代政权机构实行北、南双转制，原则上是“以国制治契丹，以汉制待汉人”。兴建这座佛塔的地点选在契丹族肇兴之地，而且是在皇家的奉陵邑中，一般来说，应由契丹人具体担任工程各级领导，以体现契丹人管理本族事务的原则，然而，“建塔碑”涉及的所有职官和人员基本都是汉人。这说明建造此塔时辽朝政权北南双轨官制的有机结合已经更为深化了，南面官系统在辽代各项事务中都在积极地发挥作用。总体来讲，“奉宣”领导建塔的临时指挥机构是由“南面方州官”系统的上京道庆州玄宁军节度使为主组成的。

“建塔碑”中提到的“提点”、“勾当”，应当解释为掌管和办理。在玄宁军节度使张惟保之下，先后提到了威胜军节度使、威武军节度使、越州观察使、闲厩使、右奉宸、提辖使、东头供奉官、御院通进、右班殿直、左承制、内侍、盐铁司度支孔目官等等。在这些职官中，属北面官的仅见“闲厩使”。《辽史·百官志二》上记载，“北面坊场局冶牧厩等官”条下设有“尚厩”部门，有尚厩使等官，却不见“闲厩使”。按照此次建塔时间为两年半分析，这个职官属于“闲使”，即临时抽调的官员。

除此之外，就是与佛寺、佛塔有关的僧录、大师、沙门等。他们负责建塔过程中与佛教典章、礼仪等有关的事务，如安置舍利、经卷之类。在“建塔碑”中还有大量的工匠、画匠、铸镜匠、贴金匠、石匠、锻匠、雕木匠、油匠、镀相轮匠等，总数约达 200 余人。他们是建造佛塔的技术工人、艺人和劳动者。如此细腻的分工，反映出辽代建筑业已经具备了较高的科技水平。碑中提到的职官和工匠的姓氏主要有张、马、郭、孙、侯、王、李、赵、杨、梁、于、寇、崔、刘、吕、郑、贾、田、胡、陈等，没有一个契丹姓。据此可以认为，建造此塔的整个施工队伍是由汉人组成的，这与建塔领导机构的职官基本为南面官是吻合的，也说明辽代南面地方官不仅管理燕云地区的事务，也管理北方地区的草原城镇。在庆州城这样的重要城镇周围，人口构成已经十分复杂，汉人的数量也已相当高，但各族之间的关系是融洽的。庆州地区的能工巧匠已经具有建造难度较大的佛塔的能力。

释迦佛舍利塔建成距今已有 950 余年的历史。沧桑巨变，历朝历代生活在这里的民众们希望它护佑美好的生活，统治者也利用它维护自己的统治。辽朝和清朝末年曾经对其损坏部分进行了修葺。

1988 年至 1992 年，国家投资对其进行了重点加固和局部复原的工作。今天，不失原貌而又装点一新的释迦佛舍利塔，与辽庆州古城遗址和辽庆陵都已成为国家级重点文物保护单位。同时，这座屹立在草原上的具有独特风韵的古塔，也是中外旅游者值得一睹的景观。

## 蕴藏爱情传说的南塔与北塔

在今天大兴安岭西南，有一个令人神往的地方，这就是内蒙古赤峰市巴林左旗。那里有山地，多丘陵，乌力吉市伦河等数条河流蜿蜒于境内。闻名于世的“红山文化”遗址，珍贵奇特的辽、金、元、清各代遗存，给这片土地刻上了一道道值得深思的皱纹。

当你来到这里，一定要游览蜚声中外的辽上京。驻足于辽太祖陵等各类辽墓之前，细心地品味，会给你带来无尽的惊奇与猜想。如果你是虔诚的佛教徒，或是佛教文化的热心者，千万不要忘记将这里的南塔和北塔列入重点游览的日程。

很久以来，当地民间曾流传着一个有关南塔与北塔的动人故事。当时，上京城外的山中住着一位以放牧和打猎为生的契丹老人，膝下有两个才貌出众的女儿。早年，因老人长期征战在外，家中事务全由夫人操持。因积劳成疾，夫人在丈夫归家后不久便辞别人世。契丹建国，社会安定，两个女儿也长大成人 。大女儿沉稳内向，落落大方，仪表出众；小女儿活泼好动，文武双全，美丽动人。虽说姐俩相差不到两岁，但妹妹因自幼受到母亲的疼爱和姐姐的关心，办事急于求成，缺乏耐心。

这一年，姐俩都已到了出嫁的年龄。一天，一位年轻英俊的契丹将军在上京山中打猎，突遇暴雨，难归城中，借宿于老人家中。当晚，老人一家置酒招待。正值青春年少的小伙子，面对两位如花似玉、彬彬有礼的姑娘，顿生相爱之心。姐妹二人面对这位威武英俊的年轻将军也都春情涌动，意欲以身相许。老人对小将军颇有好感，见此情景，便请小将军设法选择一位姑娘为妻。为了给姐俩公平的机会，同时也看一看她们的真实本领，小将军便请姐妹二人分别修建一座塔，修得又快又好的将成为自己的妻子。于是，姐妹二人分别于南、北山坡上开始建塔。姐姐认真细致，追求质量；小妹急于求成，华而无实。妹妹尽管先于姐姐完工，但在小伙子验收时，却在突然来临的雷雨之中被炸雷劈掉了塔刹。而姐姐所建的南塔，经过暴风和雷雨的洗礼，在阳光下更显得端庄秀丽，挺拔迷人，终于成就了姐姐与小伙子的美好姻缘。

传说是动人的，也给人以启迪。而从这耐人寻味的故事中，我们也不难察觉到古往今来人们对古塔的认识。真诚、踏实、沉稳、朴实已成为当地的一种民风。当然，在我们今天游览这两座古塔时，还应从历史的角度了解一些真实性更强的内容。

今天我们所见到的南塔，位于辽上京临潢府遗址南大约 8 公里。据史载可知，这里在辽太祖时期已是契丹族活动的中心。当时，许多在战争中被俘的汉人、渤海人等被安置在这一地区。辽代的临潢府，下辖州城 25 个，涞流河等十余条河流与兔儿山等山脉交错分布于境内，构成了十分优美的自然环境。《辽史》描绘这里的自然状况和地位为“负山抱海，天险当足以为固。地沃宜耕种，水草便畜牧。金龊一箭二百年之基壮矣”。也就是说，这里是辽太祖创业时期选中的神圣之地。

辽上京南塔

契丹政权建立后，辽太祖于神册三年（918 年），命汉人康默记主管建城之事，筹建辽上京，并名其为“皇都”。当年五月，辽太祖又下诏“建孔子庙、佛寺、道观”。可见，这里不仅是当时契丹族的政治、经济、军事中心，也是文化和宗教中心。佛寺的兴建与佛塔兴建的时间不会相去太远。由于塔下曾发现有铭文残文“至第五檐……十二年”的字样，所以，一般认为这座塔的建塔时间是在辽太祖天显十二年(937 年)。上京南塔为八角七级空心塔，高约 25 米，砖木结构。因年代久远，损坏已较严重，比较完整的是约 3 米多宽、6 米高的台座。由此向上，塔身逐步内收，但塔刹已经损坏。塔南侧有高 2.4 米，宽 1.6 米的门可以进入塔内，其余七面均设有假门。塔身一层各面有赭色石质浮雕，但现在能够观赏的仅有 20 余尊。主要有佛像、飞天、菩萨等。这些浮雕，刀法娴熟而精致，形象逼真而优美，动感强烈，体态柔润丰满。华盖两侧的伎乐人、供养人、坐佛以及莲花下的孔雀，都给人以栩栩如生之感，足见当时工匠技艺之精湛。

辽上京北塔

与南塔相对应，在今天林东街西山冈上还有一座古塔，一般称其为“北塔”。登上此山，林东全景尽收眼底。北塔距离上京城遗址约2公里，是一座高约10米，台座每面宽2.4米，五檐六角，砖质结构的古塔。因毁坏严重，此塔的秘密尚待考证。但若仔细观察，仍可在台座上依稀看到浮雕有佛像的痕迹。在对其进行加固维修的时候，曾经在塔的天宫中发现一些文物。其中有在国内其他辽塔中甚为少见的“白釉小碟”、“木雕小塔”等珍贵实物。就古塔现存的整体面貌来看，也与其他辽塔在建筑手法和风格上存在较大差异。这些都有待于今后的考证与研究。

按照历史发展，这两座塔是随着辽代城镇建设的兴起而兴建的。其建筑风格、工艺等各方面较为明显地反映出与唐代佛教建筑的相似之处。南塔从造型等各个方面所表现出来的唐代风格更加浓厚一些，而且，艺术和工艺都具有很高的研究价值。从当时居住在辽上京地区的人口构成情况分析，参加建塔的技术和劳务人员，主要应该是来自燕、蓟的汉人，也有渤海人以及其他各族。

而先后建于上京的弘福寺、天雄寺、崇孝寺、节义寺、安国寺、开龙寺、福先寺等也从另一个角度证明，佛教在这里曾经是极其兴盛的。今天的南塔与北塔仅仅是一个缩影。

## 浑厚高大的敖汉五十家子白塔

当我们来到内蒙古自治区赤峰市东南部的敖汉旗玛尼罕乡五十家子古城遗址时，一座浑厚高大的古塔屹立在面前。近年来，各级文物部门考证，五十家子古城系辽代武安州城址。那么，此塔最大可能是建于辽朝。有些研究者认为此塔建于金朝初年，这还有待进一步考证。今天，这座白塔已被列为国家名胜古迹之一。

辽代在武安州兴建佛塔并非偶然。因为这里也是辽太祖时期建

辽五十家子白塔

立的城镇之一。这座古城最初称“杏埚新城”，主要居民是辽太祖时期俘获的汉人。后来，又迁入一些辽西地区的居民，城名也改为“新州”。至辽圣宗统和八年（990 年），再次更名为“武安”。在这座古城的北部，发现一处辽代寺院的遗址，寺院南也有一座辽塔，但已经严重毁坏。可见，武安州曾经是辽代佛教较为兴盛的地区之一。

五十家子白塔建于古城址正中线略偏北，是一座八角十三级密檐空心式砖塔。塔高约 30 余米，台座每边约宽 4.5 米。塔座上可见砖雕，有佛像、飞天、菩萨之类，有仰莲。塔身逐步内收，塔刹为仰莲，但毁坏亦较严重，仅存刹杆。每面两边设有圆柱，其正中设计了供奉泥塑佛像的佛龛。以武安州在辽代的地位和行政级别分析，此塔规模不会高于庆州白塔等规模较大的塔。建塔工艺也不甚精细，总体来看比较雄浑、简练。就其所处的较高的地理位置分析，此塔或许在军事方面有一定的作用。

正如其他辽塔一样，这座塔也受到辽以后的金、元、明诸朝奉佛者的重视。特别是明代，曾经于万历二十八年（1600 年）、三十一年（1603 年）在正面塔龛之下和二三层塔檐之间分别镶入两块碑记，其汉文为“万寿白塔”。毫无疑问，这是明代崇佛者们对此塔的奉称。可以推想，在漫漫的历史发展中，这座白塔曾经为当地的各族信众带来了多少吉祥与欢乐。

## 神秘的万部华严经塔

以“青城”著称的内蒙古自治区首府呼和浩特市是一座闻名中外的古老城市。古往今来，曾经有许多个民族在这里生息、往来、发展、壮大，甚至建立过都城。契丹族建立辽朝，设西京道管辖这一地区，从此，这里成为辽朝控制西南地区的重要门户。随着佛教的兴盛，辽代丰州也就成为当地重要的佛教中心。屹立在呼和浩特市东郊太平庄乡白塔村辽代丰州城遗址内西北角的万部华严经塔（俗称“白塔”），默默地向人们诉说将近千年的历史，也把人们对佛教的信奉带到了今天。

万部华严经塔

万部华严经塔为八角七级，砖木混合结构，属楼阁式佛塔。据测，塔高约 43 米，沉降较为严重。经过 1983 年至 1986 年维修，基本落至辽代兴建此塔时的地表。现高度为 55.6 米。从佛寺遗址内发现的“铜护法神像饰环”以及建筑、艺术风格等方面分析，此塔应当属于佛教密宗系。因无确凿的文字依据，建塔的准确时间尚难定论。一般认为此塔兴建于辽朝中晚期，与山西省应县的“佛宫寺释迦塔”（亦称“应县木塔”）大致属于同一历史时期。

再据近年来对应县木塔的研究，确认应县木塔中供养人画像为萧孝穆及其家族成员。萧孝穆为辽朝圣、兴统治时期重要官员，死于辽兴宗重熙十二年（1043 年）。应县木塔如果也是章圣皇太后主张兴建，其时间应在辽兴宗重熙末年至辽道宗清宁初年。这个时期，宋辽、辽夏关系比较融洽，辽朝社会生活也相对安定，而且，朝野上下崇佛之风日甚。今天能够见到的辽塔，应当有半数以上建于道宗时期。因此，此时兴建万部华严经塔的可能性也最大。

万部华严经塔所在地自古以来就是重要的军事、行政区。从春秋战国至辽代，经长期的历史演变，这里已经是农牧并存、城市建设久远、多民族频繁往来甚至交错居住、文化呈现多元化的地区。在中国历史上，几乎每个政权都很注重对这一地区的辖制。辽太祖耶律阿保机建立契丹政权，东征西讨，扩大统治区域。神册五年（920 年）率契丹精锐部队攻下此地，设“应天军”，后改为“丰州”。因这里是辽朝西南重镇，对宋、对西夏都是敏感地区。为加强对这一地区的控制，辽朝设置了重要的军政机构“西南面招讨使司”。白塔的兴建，则从另一个角度证明了辽代丰州地区丰富的历史内涵。可以说，佛教在这一地区也有着悠久的历史，而辽代可谓其发展较为兴盛的时期之一。

此塔建于丰州城的佛教寺院之内。据塔内第三层发现的题记可知，元朝时称这个佛寺为“宣教寺”。按照佛教仪制，寺院在辽代就应存在。白塔一层正南券门上方镶有“万部华严经塔”篆书石刻一方，估计是建塔时所为。经复制后原物由内蒙古博物馆收藏。

万部华严经塔在辽代佛塔中具有独特的建筑风格和艺术品位。从白塔坐落的方位来看，塔址选择颇为讲究。建塔地点敞亮宜人，北临大青山，南暨大黑河，周围几十里皆为平川，水草丰美，宜农宜牧；南来北往，东去西行，交通便利。经实地观测，白塔建于面积较大的夯土地基之上，塔体从下至上，围绕中心轴线微向内收，几乎通体垂直，形态沉稳雄浑。塔基呈莲花盛开的造型，给人以清平盛世之感。此外，塔基上还有一些雕饰，如天马、孔雀等。这些内容和艺术造型，使我们明显地感觉到当时的雕刻师所具有的高超技艺和多元文化的艺术功底。

塔门设置也颇有特色，有真有假。按照七级塔身，一、三、五、七层的南北门为真门，东西为假门。而双数塔层正好与此相反。这种设计结构，有利于各个方位的均衡负重，同时，也达到了外观的对称与美观。塔外各层共装饰铜镜约二百余面，各层还悬有风铎，随风而鸣，光声相和，神韵无限。周围的山水美景，使人如临仙境一般。塔体表面一、二层雕有天王、力士、菩萨之类的造像，形态鲜活，手法细腻，且有唐代之风格。当然，这也是辽代佛塔较为普遍的特色之一。

根据这一特色，我们也可以基本断定，辽代佛塔的设计者是以汉人为主的。他们既通晓唐代佛塔建筑技术，同时也深谙辽代建塔风格，兼容两者，展现出时代变迁后的设计思路。白塔的独到之处还在于其内部构造的科学与奇特。塔内一层以上设有旋转式（或曰双向式）梯道通往七层，每层通过假门、假窗的通风孔采光，并使塔内空气保持流通。七层为穹庐顶之塔室，游牧民族特征甚为鲜明。登临第七层可由正顶八角孔洞到达塔顶，远眺神奇的土默川风光。这在建塔时或许更具有某种军事意义。另外，白塔的建筑结构、用料以及金、元、清诸朝的修葺情况都值得研究和游人们深思或观赏。

万部华严经塔向我们揭示了具有鲜明的地区特色和民族特色的历史内容。

契丹族统治北方后，十分重视丰州地区的政治和军事地位，这里很快便被建设成为颇具规模的军事、行政区。但是，由于文献资料十分零散，全面系统地研究丰州的城镇建设以及与之相关的历史情况一直存在较大困难。值得庆幸的是，在万部华严经塔中发现了大量的历代游人用汉、契丹、女真、八思巴、古叙利亚、蒙古等文字书写的题记。这些题记虽然书写简略、风格各异，甚至漫漶不清，用词造句也不讲究，但却为我们了解丰州和白塔的历史提供了珍贵的依据。结合题记并参考有关的史料记载可知，这里建城历史久远，两汉以后曾遭战争破坏，隋唐之际再度发展起来。在丰州城址内，发现有唐、宋、金、元诸代的钱币以及其他文物，展现了当时社会生活的蛛丝马迹。

题记揭示，历代登塔者成分复杂，目的也不尽相同。一类是路经白塔的僧人。如题记第二一六条“云内天宫院僧德教为记□”，一〇八条“大都在城大昊天寺僧道兴到此”，二〇五条“大同路大普思寺大德九年九月廿一日□”，五〇四条“十方法藏寺僧普仁上宝塔四（时）写记”，七一五条“太原府介休县在城光梵寺僧林师到此记”等等。各地僧人来到寺中登上白塔，本身就带有进一步了解白塔的目的。有些僧人还从事与佛事有关的活动。第三一〇条“李福祥转大藏经壹佰伍卷”就较为直接地说明了这一问题。而五〇五条“大朝至元八年七月二十八日□西夏国仁王院僧□惠善到此”，则说明西夏地区也与这里有佛事往来。可见，白塔所在的大宣教寺是当地的佛教中心。当然，如果是一般百姓登塔时兴起题记尚可理解，佛门中人对这样圣洁的佛塔也如此随心所欲就令人费解了。

另一类是各级官员。许多条题记中提到了不同朝代的军、政职官。其中，诸如三〇一条题记之类的内容就应引起注意。其曰：“达鲁花赤兼都检点臣□丰州总管兼税管水鸦马天福〔押〕□丰州管水鸦提解张伯川〔押〕□丰州管水鸦提控王英祥〔押〕□丰州管水鸦提点王〔天〕祥〔押〕□至元十一年五月□日□此。”设置这样完备的职官管理水鸦之事，足见水鸦在这一地区禽类中的重要性，数量一定相当可观。同时，也间接说明了当地的自然环境适应于水鸦的生息与繁衍。其他条目，如二一〇条“镇戎（戍）军监□”、五〇二条“关西镇戎（戍）军”等也都有认真推敲的必要，此处不一一介绍。

还有一部分题记则揭示了丰州城城镇布局的有关情况。题记四〇三条“丰州在城东长街人贺谎懒是林家女婿是也”、六〇八条“大德十一年白塔东南巷口山圣水祥去口陆伯俊记”、七一〇条“丰州东北乡北酒户尹和卿”、七一二条“大同路丰州在城南长正街住人杨元书记”等条中，分别提到了丰州城中的街道名称，可以推测，至少在金、元时期丰州城市建设已经是颇具规模了。这与金代重修白塔时在一层所立石碑铭文中记载的内容有所呼应。

一层金代石碑共有九块，现存六块。碑中较多地提到了当时丰州城内街、巷、坊的名称，如：北街、东街、东南坊、东北坊、西南坊、西北坊、牛市巷、麻市巷、染巷、酪巷、都统临街巷、县衙巷、药师阁巷、北禅院巷、大师殿巷、斐公裕巷、刘公进巷、康家巷、张德安巷、刘大卿巷、张居柔巷。除此之外，还有一些城镇周围的村名以及捐资修塔人的姓名、地方官及其职官名称等。当年，参加修塔、捐资的人主要是来自丰州城以及城郊乡村。石碑中的街、巷、坊比较形象地描绘出当时城镇的布局，而且应当与辽代基本类似，牛、麻、

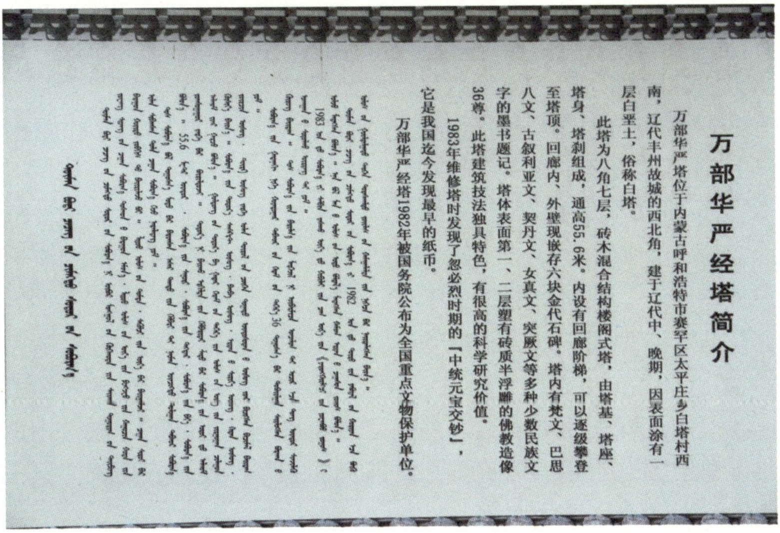

染、酪、坊之类的内容，也是对当时城内的经济结构一种反映。碑中的人名和姓氏，真实地展现了这个多民族杂居地区的历史状况。丰州各个阶层捐资修塔的记载，从一个侧面表明当地在崇佛这个方面是不分民族和官位的，白塔在人们精神生活中的地位相当重要。

今天，经过重修以后的万部华严经塔更显壮观，已被列为国家级重点文物保护单位。当年，登塔题记的游人曾以“城郭此景最为先，四隅玩睹无穷谨（尽），绕塔礼念保平安”表达来到这里的心境。近千年过去了，蕴藏在塔身之内的历代题记，质朴而神秘，还有许多历史谜题等待后人去破解。这都使得这座宝塔以独有的文物价值和观赏价值而独树一帜，声名远扬。

## 傲然屹立的感圣寺佛舍利塔

感圣寺佛舍利塔，亦曰大明塔、辽中京大塔。此塔位于内蒙古自治区赤峰市宁城县大明镇辽代中京城遗址内东南。高约 80 余米，密檐式，八角十三级。它在内蒙古现存佛塔中是最高的一座，也是我国现存辽塔之最。该塔自建成后，经金、元、清等朝多次维修，故如今所见已非原貌，但主干部分是辽代所建当无疑问。

一般认为，此塔兴建于辽朝中晚期。因无确凿的文字和考古资料，准确时间尚难确定。1983 年在对其进行维修的过程中发现墨书题记“寿昌四年四月初八日”以及其他若干文字资料，但也不能以此断定建塔的准确时间。因为，寿昌四年（1098 年），已经是道宗统治末年，政治统治、经济状况都已不佳，客观上已不具备兴建的条件。事实上，从辽道宗当政，该政权便进入了由盛转衰的时期。在辽道宗统治的 40 余年当中，道宗以及社会各个阶层的崇佛确已达到很深的程度，但兴建这样一座佛塔，最大的可能也是在其执政的早期或中期。那时，有圣、兴二帝盛世的基础，各方面的条件还是许可的。另一种可能就是兴建于辽道宗以前。

大明塔（感圣寺佛舍利塔）

宁城县大明塔建于辽代中京城遗址内，规模又是辽塔之最，当与其所处之地在辽朝政治、经济、文化、佛教等各个领域的地位有密切的联系。辽中京建于辽圣宗统和后期，建城地点由圣宗亲自择定。《辽史》说：辽圣宗曾经经过七金山土河之滨，南望云气，有郛郭楼阙之状，故而选中此地兴建都城。由于建城需占用过去奚族首领“牙帐”的所在地，所以，史书又有“奚王府五帐六节度献七金山土河川地”之说。又据《契丹国志》引《契丹图志》的记载，这里“居上、东、燕三京之中”，对于设置统治中心位置甚佳。另外，统和二十三年（1005年）冬十月，辽宋“澶渊之盟”约定的北宋“岁币”送达辽朝，也为兴建这样一座都城提供了经济保证。至统和二十六年（1008年）五月，大约用了两年的时间，中京城基本告竣，成为辽朝中期以后的主要都城。大明塔建在这里，又赶上了辽朝盛世，似有辽代第一塔的寓意。

建塔地点是契丹族的故乡，自然环境较好，为老哈河以北的平川地带，西部有丘陵和山区。据考古发掘可知，大明塔前及其西南山上均有寺庙遗址，且规模较大。可见，辽中京建成以后，也成为辽代佛教的中心之一。大明塔建于中京，又是辽代最大的一座，当与中京的地位有直接的关系。

大明塔整个基座建在厚约1～1.5米的加夯基础之上，基座由沟

大明塔（感圣寺佛舍利塔）

纹青砖砌筑，有台阶八级。与其他辽塔类似，饰有仰莲。塔前有龟道形台基，塔后有龟尾形台基。塔体由下至上，缓绘收分，比起其他辽塔，更显沉稳与凝重。塔体一层各面均有浮雕，而且镶有佛龛。佛龛莲座之上有身着佛装、形态各异的佛像。佛像之侧有身姿雄猛、赤臂露膀、令人惧怕的力士像，还有神情恬静、手持净瓶、善态可掬的菩萨，而飞天雕像则给人以轻盈仙至之感。所有这些雕像，制作工序都十分复杂，手法也相当精细，在辽塔之中亦属上乘。此塔的又一特殊点是每面转角之柱皆为塔形，这些角柱的基、中、顶部又都饰有仰莲，柱上刻有塔名和菩萨名。塔刹则为一个小型塔，南、北有门，其宝珠等饰品皆以红铜为料。

大明塔建成至今，经历代修葺，许多方面已经失去原貌。塔身南面有两行蒙古文题记，意为“大清咸丰甲寅年敬修”，即咸丰四年（1854 年）。可见，在其建成以后的漫长岁月里，凡崇信佛教者都对此塔心怀敬意，趋拜者不分民族、老幼、男女。就是今天，每逢农历四月初八，兴办庙会时，拜佛者仍络绎不绝，加之各类经济文化活动，真是热闹非凡。当然，现在我们已经很难稽考出塔的设计者、建造工匠以及雕刻艺术家，但从这座塔的结构、用料、佛教艺术风格以及大致建造时间分析，唐代以后的佛塔建筑技术对其有较大的影响。同时也可以看出，建塔时也融进了辽塔的建筑风格和加固技术等。基于此，我们可以自豪地说，这座塔是我国古代建筑家、艺术家和劳动人民集体智慧的结晶。

# 耐人寻味的中京小塔和半截塔

辽中京共有三座佛塔，感圣寺佛舍利塔是完整又壮观的一座。此外，另有小塔和半截塔各一座，与大明塔形成由东北向西南、从大到小排列的布局。登高远望，三座佛塔各具特色，把我们带入无尽的遐想之中。

小塔是一座八角十三级密檐式实心砖塔，位于辽中京内城的阳德门西南约 500 米处。一般认为，这座塔的建塔时间是在金代。

从历史沿革角度讲，金占领辽中京以后承辽制，仍称“中京”。直至金朝的海陵贞元元年（1153 年）才更名为北京，是金代“路”级建制，治所在大定府，设北京留守司。也就是说，金朝仍然把这座城作为统治下的城市之一。按照《金史》的记载，这里曾经生活着约 64047 户人家。如果以一户 4 口计算，则大约有 256188 口人。这个数量是相当可观的。在这里，佛教依然受到人们的崇信，根据佛事需要而增加佛塔是完全可能的。其兴建的时间，应当是在金世宗在位的社会相对稳定时期。在小塔南面，可以踏勘到具有一定规模的寺庙遗迹，土层中亦曾发现青砖、青瓦、绿釉琉璃瓦片之类的遗物。

辽中京小塔

小塔高24米，底座为须弥状，每边长3.3米，座的高度为2.7米，周围未见有台基，直接于地面建起。这种状况在辽塔中不多。塔座八个面的正中位置都雕有伏狮，各转角处雕有身材健壮、呈蹲伏状的力士。伏狮和力士之上为砖雕的单瓣仰莲，而且，可以明显地看出伏狮和力士呈背负仰莲的姿态。仰莲座上为塔身。塔身转角呈圆柱形。小塔一层檐下设有佛龛。东、南、西、北佛龛内的佛像已佚，佛龛之上所雕伞盖尚存。其他四面为浮雕佛龛，龛内分别雕有高1.66米的胁侍一对，其头上雕有飞天，手法精练，动感强烈。塔刹为砖雕宝珠和火焰，并在南面设有一个小佛龛式的小塔，其设计之特殊，在内蒙古地区古塔中亦不多见。

现可见塔体正南面的佛龛两侧阴刻有蒙古文各一行，其意为：小塔圣地是你信徒们鉴赏之地，修行善境是你信徒们布舍之地。显然，小塔也被后来的蒙古族信徒视为神圣的。而且，也说明其香火未因时代的变迁而中断。

半截塔，也称“残塔”、“三塔”。位于辽中京城外的西南角，是一座八角实心密檐式砖塔。建塔地点的选择十分讲究，依山傍水，清新宜人。经考古勘察，其附近还存在许多古代建筑遗址。据说，此塔建于辽道宗清宁三年（1057年）。中京作为辽代中期以后的重要都城，在辽代崇佛最盛的时期兴建这样一座佛塔不是没有可能。今天，

辽中京半截塔

从半截塔的残留部分，仍可窥测到其雄伟的风貌。

与其他辽塔相比，此塔残破程度是相当严重的，尽管如此，仍可见高 14 米的塔身残体。在残体的东南西北各面有佛龛，龛中佛像已佚，但仍可见佛龛两侧雕有两朵云纹。其余四面各雕有胁侍。现可见暴露于外的柏头椽头，每面 25 根，端口面积约为 10 厘米 ×10 厘米，与佛龛结合起来分析，这可能是最下面的一级塔身。那么，这 10 米有余的残体的大部分就应是塔座了。比大明塔的塔座低大约 10 米，据此估计，此塔的总高度一定在大明塔之下。另外，在残存塔体的转角处，可以比较清晰地观察到雕成的圆柱体，柱体上端有柱头铺作两朵，皆为斜拱，成双抄五铺作。在正南南下破出一洞，入洞后略向东可进入一高宽各 2 米的地宫。由于没有更多的实物和文字资料可以对其进行深入研究，半截塔的神秘性就更为引人注目了。

在中国古代北方地区的历史中，游牧民族总是给人以神秘之感。辽金时期，北方出现了相对稳定的社会环境，以契丹、女真为主的游牧民族，采取因俗而治的统治方针，北方草原出现了前所未有的变化，各个民族在经济文化方面的交往更为密切。佛教已经为各个民族所接受并得到了相当快的发展。

与之相应，佛塔作为佛教文化中的重要组成部分也对当代和以后的历史产生了十分重要的影响。辽金时期佛塔神秘面纱的逐步揭开，将使我们更为清晰地切感到多民族共同创造祖国历史的脉搏。

半截塔

# 覆钵式佛塔的由来

FUBOSHIFOTA DE YOULAI

在清代，内蒙古地区的藏传佛教（格鲁派），由于清廷政策的大力提倡和扶植，经康熙、雍正年间的广泛普及和发展，到乾隆年间，便进入了它的全盛时期，也是内蒙古佛教发展的黄金时代。此时，兴建寺庙、修造佛塔，也成为弘扬佛教的重要内容和功德无量的崇高事业。于是，盟有盟庙、旗有旗庙、苏木有苏木庙，王公、协理、台吉、活佛也有自己的家庙。至清朝末年，内蒙古各旗平均有寺庙三四十余座，多者达五六十座，全区共有寺庙1600余座。

佛塔是佛教普及和发展的必然产物，也是寺庙的产物。在内蒙古地区，有寺庙必然有独塔、双塔、四座塔、八座塔或数座塔相陪衬。故此，清朝至民国年间，内蒙古各旗平均有古塔百余座，多者达二百余座（如乌审旗），全区（内蒙古）共有喇嘛塔数千座。这些美丽壮观的喇嘛塔，除呼和浩特金刚座舍利宝塔、乌审旗扎荣嘎舒尔塔、奈曼旗五塔外，其他均属藏传覆钵式塔。在性质和内容方面，这些覆钵式喇嘛塔，大多属于灵塔或骨灰塔；塔内供奉着本寺历代活佛呼图克图、葛根、呼毕勒罕的骨灰及遗物。灵塔既是佛塔，同时又兼作陵寝，以供人们顶礼膜拜。灵塔或骨灰塔的大小，取决于本寺或当地的经济条件以及葛根、呼图克图的等级和知名度而定，有的高达十几米，小到一米左右。比如，在察素齐所建的著名的呼和浩特西白塔，为三世达赖索南嘉措的舍利塔（存放部分舍利），高约17米（后倒塌）。

简单朴实的灵塔，往往以青砖砌成，然后涂以白色；比较讲究的则以石块雕砌而成。华丽贵重的灵塔，虽然塔体不高，但是却以铜银制作，加以鎏金，供奉于寺院殿堂之内，供人们顶礼膜拜。比如，五当召七世活佛的骨灰，都供奉于一米左右的七座鎏金铜塔之内。随着佛教的深入发展，喇嘛塔之不断修造，也产生了吉祥塔、长寿佛塔、藏经塔、供佛塔、神变塔、降魔塔等名称不一样、功能不同的喇嘛塔。

但是，塔并不是藏传佛教的独创，它是佛教存在和发展的必然产物，源于古印度。古印度是宗教思想比较浓厚的国家，这个国家自古以来特别敬重开悟的人，通过修行得到大智慧的人，尤其是释迦牟尼佛这样大智慧的人，在印度备受敬重和爱戴。佛经上曾讲到，古印度有一位居士，与释迦牟尼关系密切，曾受过佛陀的指点和加持。有一天，他来到佛陀的住处说："您经常到各国巡游讲经说法，我不能常见到您，请您送我点纪念之物吧。"于是，佛陀随手把自己的指甲和头发送给他，说："送你这爪发供养好了。"这位居士非常满意，便建塔来供养了佛陀的爪发。

当佛陀在拘尸那城涅槃后，他的弟子们将其肉体进行了火化，出现了很多光明五色舍利。此事惊动了印度各国的八位国王，他们认为佛陀的舍利是极珍贵的无上法宝，非拿到不可。于是各自带领部分武装，赶到拘尸那，要求佛的弟子们交出佛陀的舍利，否则就动武，此时，幸亏有一位名叫香姓的婆罗门从中进行调解和劝说，避免了一场战争。在他的建议下，将佛陀的舍利均分为八份，使每个国王分得一份，诸王非常高兴，回国后，便修造了所谓的"窣堵波"（即圆丘形平头墓），将佛陀的舍利安放于内供养。塔，梵语叫"窣堵波"，也译为塔婆、浮图，藏语为"曲登"或"却勒代"，蒙语为"苏波尔嘎"，原意是堆积起来的土石，以收藏骨灰和遗物。因此，古印度塔（窣堵波）就是墓，墓就是塔。

早在公元1000年或1500年前，印度诸王死后，将其骨灰都安葬于圆丘平头"窣堵波"之内。正如《大唐西域记》卷一所记载："窣堵波，即旧所谓浮图也。"供奉和安置舍利、经文和各种法物。由台（基台）、复体、（台上半圆球部分）、平头（祭坛）、竿、伞五部分组成。公元前268年，印度阿育王统一诸国后，设立"大法官"，主持佛教、婆罗门教、耆那教等事务时，特别扶植佛教，立佛教为国教。

在位期间，他修建了具有印度特色的八万四千座佛塔，从最初所建的圆丘平头佛塔内取出佛陀的舍利，分放于他下令修造的诸多塔内。阿育王时代所建造的佛塔，其外形呈覆钵式，有台座、覆钵式平头、竿和伞组成。其舍利安置于平头钵体之内，供人敬仰。《大般若涅槃经后分》记载：“供养舍利即是佛宝，见佛即见法身。”那么，见到舍利也就等于见到了佛。

佛教传入西藏之前，在西藏本土上并不存在什么佛塔或建造过什么佛塔。据有关史料记载，西藏上层统治人物在本土上看到佛塔或知道佛塔，大概是公元 4 世纪。吐蕃王朝第二十七代赞普（国王）拉托托日年赞时期，印度的佛教信徒班智达洛森措和译师里第生等人，将部分佛教经典和一尊金塔以及一尊泥塑佛塔作为礼品带到了吐蕃。但是，当时西藏却信奉传统的苯波教，因此对从印度带进来的小佛塔并没有产生多大的兴趣，把它存放于王宫的宝库之中，无人问津。

公元 7 世纪中叶，藏王松赞干布统治时期，佛教开始逐渐传入西藏。当时，松赞干布迎请印度、尼泊尔、克什米尔等地的僧人学者，翻译了不少佛经。同时，嫁至西藏的尼泊尔公主和唐文成公主都是笃信佛教的人，她们都带了一些佛像、法物、经典以及僧人到达西藏，并修建了当初的大召寺和小召寺。据《汉藏史集》记载，当时的西藏共修建了寺庙一百零八座，但是，西藏社会里还未出现藏族出家人和真正的僧侣组织，这些小庙也只能挂些佛像而已。修造小型寺庙的同时，佛塔也开始诞生了。据《柱间史》记载：“在此松赞干布创建了一座五顶塔。”这是西藏人自建的第一座塔。不久，在拉萨红山顶上又修造了一座白塔，但是这两座塔不是存放舍利的灵塔。

公元 8 世纪中叶，藏王赤松德赞统治时期，在乌仗那国莲花生大师和印度著名佛教学者寂护等人的支持下，西藏的佛教得到很大发展。在赤松德赞的冬宫所在地扎玛附近，由莲花生大师亲自勘察，寂护具体设计，修建了西藏第一座规模宏大的正规佛教寺院桑耶寺，也有了出家僧侣七觉士，同时修建了不少佛塔。《桑耶寺简志》记载：“松嘎尔五塔是寂护来西藏不久主持修造的。这些塔位于桑耶寺西约

7.5公里的松嘎尔附近，是去桑耶寺的必经之路。五塔呈东西一线分布，均为整块巨石雕刻而成。形制古朴，雄伟壮观，实属罕见。”当桑耶寺建成后，其院里又修筑了四座著名的佛塔，分别在“乌孜”大殿四角呈直线的地方，塔与殿角相距数十米。这四座佛塔高大雄伟，形制各异，特别是四座塔分别以白、红、黑、绿四种不同颜色而独具风格。与此同时，桑耶寺的围墙上也有一千零八十座小型佛塔。但是上述这些佛塔并不是灵塔或骨灰塔，其造型和功能都带有西藏地方特色和风俗，而且格式也很不统一。

9世纪中叶，朗达玛为西藏的赞普时，正在扎根和发展的西藏佛教受到了严重打击。朗达玛下令停止了对僧人的一切待遇和供应，封闭了大召寺和桑耶寺的院门，很多佛像被扔进水里或烧毁，著名的大唐文成公主被宣布为罗刹鬼。已被压制和限制的苯波教势力开始恢复并夺回了权力。佛教僧人各奔他乡，四处逃散，留下来的僧人被勒令还俗或弃佛改宗为苯教；不愿改宗者，强迫他们拿上弓箭，带着猎狗去打猎。

公元842年，一批僧人被强迫到山南洛扎地方打猎。当地有一位修定的僧人贝吉多杰，他听到赞普朗达玛灭佛毁法时，非常生气，就暗藏弓箭，赶到拉萨，正值朗达玛阅读碑文时，发箭射中其额部而杀之。贝吉多杰喇嘛乱中逃脱，辗转逃至青海兴扎县，继续修行弘法。在西藏，经几代赞普所培植的佛教专承，也从此中断了百余年。朗达玛被刺死后，西藏地区发生内乱，吐蕃时代建立的一切制度、形成的社会秩序，遭到严重破坏，同时又发生奴隶和平民起义，使西藏社会彻底陷入了长期分裂的混乱局面。但是，曾遭受严重打击的佛教势力并没有灭亡，吐蕃赞普的统一王朝灭亡后，没有什么法律条文和行政命令能够继续限制和打击佛教的残余部分了。

到10世纪末，佛教徒们又活动于西藏、青海黄河以南及阿里地区，恢复了活力。据史料记载，在这个时期，藏族地区又开始出现了大批出家僧侣和重建寺庙、佛塔的热潮，这是藏传佛教史上被称为佛教“后弘期”的开端。在藏传佛教的“后弘期”，诸派纷起，密教盛行，寺院和佛塔遍布藏区。长期以来，西藏和安多的佛塔种类很多，还未形成严格而统一的格式，但是，经几世纪的演变和发展，使佛塔的造型和格式更加成熟和完善。

公元14世纪，著名的佛学家布敦大师在精心研究大藏经《甘珠尔》部的基础上，根据经中有关佛塔的论述，对西藏佛塔的格式或造型作了严格、具体的规定。从此，兴建佛塔，不仅在理论上有了依据，而且在具体实施上也有了统一的规定或模式。这对藏式佛塔的形成，起到了不可估量的作用。后来，又由西藏著名的政治家和学者第巴·桑杰嘉措在布敦大师所总结的基础上，对佛塔的理论和具体格式重新做了修改和补充，使藏式佛塔从理论到制作艺术上更加成熟和完善。第巴·桑杰嘉措所著《金塔目录》就是他的总结。

从理论上，藏式佛塔可分为八种类型，即叠莲塔（或堆莲塔）、菩提塔、吉祥多门塔、神变塔、神降塔、和平塔、殊胜塔、涅槃塔。据传这八种类型的佛塔源于获得佛陀舍利的八个人，各自所修造的原始窣堵波（stupa）。以上八种不同类型的塔，实际上代表着佛陀一生中的八个不同阶段或成就。1682年，五世达赖罗桑嘉措圆寂后，作为他的得意弟子和助手第巴·桑杰嘉措，在布达拉宫的红宫内，为五世达赖修造了装饰最华丽的灵塔。其形制根据《金塔目录》，采取了佛教八大善逝（如来）灵塔之一“菩提塔”的模型。菩提塔是西藏和蒙古族地区最常见、最普遍的佛塔形式。菩提塔就是我们所常见的覆钵式佛塔，即塔基为方形、塔基之上有须弥座，须弥座上方有塔瓶、相轮、日月等。

在元代，元上都、和林、应昌路、全宁路、宁昌路、大宁路以及亦集乃路等地，不但有很多佛寺，而且也建造了大量的菩提塔，其中亦集乃（额济纳）哈拉浩特的元代菩提塔至今矗立于哈拉浩特城墙之上。

## 造型独特的覆钵塔

内蒙古、西藏和内地的佛塔，自古以造型精巧、庄严优美、古朴典雅而闻名于世。然而这些造型独特，美观大方的佛塔，由于不同地区的演变和发展的历史不同而出现了很多种类不同、风格不同的佛塔，如楼阁式塔、密檐塔、过街塔、和墓塔、金刚座舍利宝塔和覆钵式佛塔。其中覆钵式佛塔（喇嘛塔或菩提塔）是随着西藏佛教的发展和壮大，从各类老式的窣堵波（stupa）中脱颖而出，成为蒙藏地区最为普及、数量最多的塔型。我们常见的覆钵式佛塔，不但挺拔秀美，造型优雅，而且其塔型代表着释迦牟尼修行成佛，因此，该塔成为内蒙古和西藏地区最受欢迎和崇拜、最喜欢修建的塔型。

有关史料里曾经提到，具有上千年发展历史的藏式各类佛塔的造型、风格和功能，经布敦大师和第巴·桑杰嘉措的审核、修改、补充和定格，使藏式佛塔的造型、风格和意境有所规范，理论和实践上有了统一的依据和基本模式。布敦大师的著作和第巴·桑杰嘉措所著的《金塔目录》里都曾多次提到藏式佛塔的八种类型，即叠莲塔（或堆莲塔）、菩提塔、吉祥多门塔、神变塔、神降塔（或降凡塔）、和平塔（或合好塔）、胜利塔、涅槃塔。

据传这八种类型的佛塔源于获得佛陀舍利的八部人所修建的原始窣堵波：叠莲塔是按照迦毗罗卫（印度地名）窣堵波建造的，菩提塔是按照玛格达（印度地名）窣堵波建造的，吉祥多门塔是按照佛陀第一次讲经并转动法轮的地方鹿野苑的一座窣堵波建造的，神变塔是按照斯拉瓦斯蒂（印度地名）窣堵波建造的，神降塔是按照桑卡斯亚（印度地名）的一座窣堵波建造的，和平塔是按照拉市格里（印度地名）的一座窣堵波建造的，胜利塔是按照吠舍离（印度地名）窣堵波建造的，涅槃塔是按照拘尸那迦（印度地名）的窣堵波建造的。其中按照玛格达窣堵波建造的菩提塔代表释迦牟尼修行成佛，在西藏演变为覆钵式佛塔，是蒙藏地区最喜欢修建和常见的塔型。

西藏和蒙古地区寺院周围所矗立的白塔，其造型都是覆钵式的，但因所含法物、经咒和加持的不同而功能、灵力和意境也有所不同。比如青海塔尔寺的八宝如意塔，系阿嘉活佛于乾隆四十一年（1776年）募资修建的八座覆钵式白塔，以纪念释迦牟尼佛一生的八件大事：八邦塔（叠莲塔）为释迦牟尼降生时行走7次，每步生一莲花，四谛塔（吉祥多门塔）为释迦牟尼初转“四谛法轮”，和平塔为他劝息诸比丘争端，菩提塔为他修行成佛，神变塔为他降伏外道，降凡塔为他从天堂重返人间，胜利塔为他战胜一切魔鬼，涅槃塔为他最后示现涅槃。内蒙古阿拉善盟豪斯布尔都苏木阿察布拉格地方的达喇额肯庙（度母庙）所修建的八座覆钵式白塔，也是按照塔尔寺八宝如意塔的功能和意境而建成的。其挺拔的雄姿、优雅的风貌为北方塔群的佼佼者。

无论在内蒙古、西藏还是内地，修建佛塔被认为是对佛教的虔诚至极的行为，修建者和资助者均会得到不可估量的功德和福报。佛塔一旦建成后，就可以方便众生，供众生顶礼膜拜，产生利他利己的奉献效应。读书人都知道，“聚沙为塔”的典故出自《生经》卷四：“五百幼童相结为伴，日日游戏，俱至江水，聚沙兴塔，各言塔好。虽有善心，宿命福薄。时天卒雨，江水暴涨，漂溺而死……生兜率天，皆同发心为菩萨行。”这个典故说明，造塔有“生天问法”的福报。又《法华经·方便品》谓：“若于旷野中，积土成佛庙；乃至童子戏，聚沙为佛塔。如是诸人等，皆已成佛道。”就是说，造塔有“成佛道”的福报。佛教文献《法句喻经》也记载：“山中有五百猕猴，见僧绕塔礼拜供养，即共负石，学僧作塔，绕之礼拜。”后来山洪暴发，五百猕猴皆被淹死，往生于忉利天，皆得“须陀洹果”。这些典故都宣传和提倡建造佛塔，具有往生天堂或成佛道的福报和功德。

难怪从古至今，佛教信徒们始终热衷于建造佛塔，他们不惜耗费巨大的人力、物力，建造过无数座覆钵式佛塔，真是不可思议。

众所周知，西藏拉萨的布达拉宫红宫内，供奉着历世达赖喇嘛的灵塔，其中五世达赖罗桑嘉措（1617～1682年）的灵塔是建造最早、规模最大、装饰最华丽的一座。这座较典型的覆钵式佛塔（菩提塔）是由当时的摄政王第巴·桑杰嘉措于1690年与布达拉宫红宫同时修建的。至于建造五世达赖灵塔时，据第巴·桑杰嘉措本人所著《金塔目录》记载，他采取了佛教八大善逝（如来）灵塔之一“菩提塔”的造型。

菩提塔（覆钵式塔）是蒙藏地区最常见、数量最多的佛塔形式之一。这类佛塔由塔基、塔瓶、塔刹（相轮和日月）三部组成。塔基

清代覆钵式喇嘛塔

为方形，塔基上有逐渐内收的五层须弥座，称之为“趣悟阶路”；须弥座上方有塔瓶（塔肚），表示善见城所在地，塔瓶有龛门，也叫佛光门或佛眼；塔瓶上方为塔刹，也叫十三相轮，顶有日月盘。据第巴·桑杰嘉措所著《金塔目录》记载：为修建五世达赖灵塔及红宫，从全藏召集石匠五百名，木匠二百五十六名，画匠二百六十名，还有金匠、铜匠、铁匠、铸工、錾花工、镶嵌工等六千余名工匠。修建灵塔时共动用黄金十一万九千零八十二两三钱七分，珍珠三千八百一十二颗，并镶嵌数以万计的各种玉石、珍珠、钻石、琉璃等。塔身用金皮包裹，通高14.85米；塔座为方形，高6.3米，边长7.6米；塔瓶连同瓶座共4.48米，塔瓶正面有龛门，高2.52米、宽2.5米；塔刹部分为高4.34米。

修建五世达赖罗桑嘉措灵塔的举措表明，第巴·桑杰嘉措对五世达赖何等敬仰和爱戴，其关系之密切，绝非一般。昔时，蒙古和硕特部（四卫拉特之一）顾实汗，应西藏格鲁派之邀，挥师进抵青海，以武力攻占和控制了青海和喀木（康区）地区。1641年末，顾实汗攻入西藏，消灭了藏巴汗，控制了全藏，使格鲁派（黄教）掌握了全藏宗教大权。顾实汗将和硕特蒙古的主力驻扎于当雄（达木）地方，以起震慑作用，并派遣其八个儿子驻牧于青海，他本人和两个儿子长期坐镇西藏。

1652年，应清顺治帝的邀请，五世达赖动身前往北京时，路经当雄和硕特蒙古部驻牧地，驻锡了一段时间。和硕特部一位贵妇生了一个儿子，他就是桑杰嘉措。桑杰嘉措从小聪明过人，悟性很高。五世达赖对他很关心，从小接至布达拉宫，亲自加以培养和调教，使他精通了三藏、天文、历法、哲学、医学。1679年，五世达赖亲自任命桑杰嘉措为西藏的第巴。

1682年，五世达赖圆寂，第巴·桑杰嘉措秘不发丧，对外宣称达赖长期修定不宜干扰。接着，开始着手准备和修建了五世达赖的灵塔和红宫，与此同时，第巴·桑杰嘉措从西藏门隅地方找到了五世达赖的转世“灵童”仓央嘉措。1697年10月，在拉萨布达拉宫举行六世达赖仓央嘉措坐床典礼时，清康熙皇帝特意派遣章嘉活佛参加了坐床事宜。1705 年，第巴·桑杰嘉措与和硕特蒙古首领拉藏汗发生权力之争，被杀后转世于内蒙古阿拉善左旗，其庙为东旗南寺。

清朝至民国年间，在内蒙古所出现的数千座佛塔，基本上都是按照释迦牟尼修行成佛的菩提塔的模式建造的。修建于清朝中期，如今保存完好的，我区著名的佛塔很多。比如修建于清咸丰年间的呼和浩特席力图召的白塔，塔身通高 15 米，整体均以白石雕砌而成，塔座、塔瓶的浮雕图案，线条明快、色调鲜明，是我区现存最完好的一座佛塔。修建于清乾隆年间的乌审召大白塔，塔身高达 10 多米，巍峨壮观别有风味。奈曼旗胡硕庙白塔，建于清朝中叶，塔高 12 米，塔座、塔瓶、塔刹比例适当，塔座台阶的神像浮雕四面对应、工整美观，可谓覆钵式佛塔的杰作。此外还有百灵庙双白塔，梅力更庙白塔、喇嘛洞白塔等佛塔。

## 舍利与佛塔

当我们游览各地的名胜古迹，古刹禅林时，有时候偶尔能够看见古朴典雅，挺拔秀美的菩提塔，导游自然会告诉你："这是一座国内十分罕见的古舍利塔"以及修建于何年何月等等。如果您懂得点佛教道理，对佛教感兴趣的话，听了以后会久久激动不已。因为，自古以来，舍利是非同寻常的宝物，是佛教诸宝之中的精华和极品，是佛陀或高僧大德以"无量六波罗蜜功德所熏"的产物，世上难得一见。

舍利是梵语，亦译作室利罗、设利罗，民间多称为"舍利子"。舍利，其意译为"遗身"、"骨身"，多指佛或高僧大德被火化后所形成的珠状骨粒。据佛教界之说，舍利多为珠状，质地坚硬，五彩夺目，是佛或高僧大德的无染功德熏修的结晶。如《金光明经·舍身品》里说：舍利者，是无量六波罗蜜（布施、持戒、忍辱、精进、禅定、智慧）功德所熏。舍利是戒定慧所熏修，是很难得、极稀有的最上福田。据说舍利的颜色也不相同，按《造像量度经》说，其色有三：骨舍利色白，发舍利色黑、肉舍利色红。但是，又有“全身舍利”、“碎身舍利”、“生身舍利”和“法身舍利”的区别。其实，“全身舍利”和“碎身舍利”是“生身舍利”的不同状况和形态，二者都属于“生身舍利”。

然而“法身舍利”与“生身舍利”二者迥然不同，“法身舍利”是指佛教三藏经卷（见《大智度论》）。更具体一点说，西藏地区一般采用的所谓“法身舍利”就是五部大陀罗尼（经咒），即佛顶尊胜咒、佛顶放无垢光明咒、正法秘密箧印咒、菩提场庄严咒、十二因缘咒。比如北京西直门外五塔寺（金刚座舍利宝塔）和呼和浩特市金刚座舍利宝塔（五塔寺）内，并没有安放如来或高僧大德的“生身舍利”，可是却称其为“舍利塔”。因为，这些五塔的塔座（坛城）上刻写了佛教三藏经典《金刚般若波罗蜜多经》（简称《金刚经》）并在塔内安放了相关的经卷、经咒，这些都代表了“法身舍利”。

众所周知，释迦牟尼佛在拘尸那城娑罗双林间涅槃后，其弟子们用香木焚尸火化，灵骨分碎，出现了很多五彩夺目的珠状舍利。此舍利击之不坏，焚之不焦，故称之为“碎身舍利”。当时，印度的八国国王闻讯赶来，争夺“舍利”，几乎兵戎相见，后经香姓婆罗门的劝说和调解，争端得以平息。诸王皆请香姓公平予以分判。香姓将舍利均分为八大瓶，一瓶装一石许舍利，诸王很高兴，携回国后，建塔供养，其塔称之为“舍利塔”。

在印度，塔本来是用以供养“舍利”的。过了二百年左右，著名的阿育王统一了全印度，他从分得舍利的八王处索取八斛四斗舍利，在一日之内修建了八万四千座舍利塔，供养了佛舍利。

据晋译《阿育王传》记载，中国曾经修建十九所舍利塔，用以供养佛舍利。据统计，我国现存佛“碎身舍利”七百二十四粒，佛指舍利四枚、佛牙一枚。佛的“舍利”俗称“佛骨”。在唐代，唐高宗李治曾下诏，将迎岐州（陕西扶风县）法门寺护国真身塔内的释迦牟尼佛指舍利四枚至洛阳大内寺供养 。皇后听了非常着急，佛舍利不宜随意移动，故书写金函九重，命宣律师把佛指舍利送还原地扶风法门。

以后朝廷多次把法门寺佛指舍利迎至国都长安礼敬供养。唐宪宗元和六年（811年），迎佛骨至长安，侍郎韩愈力谏不成，被贬职潮州。规模最大的一次，在唐懿宗咸通十四年（873年），把佛指舍利移入国都长安福寺时，皇上和众僧徒夹道顶礼迎接。唐代之后的一千多年里，朝代不断更替，局势并不十分稳定，故不得不考虑更为妥善地保存佛指舍利的措施。于是法门寺院内修造了地下室，将佛指舍利迎置于室内，堵死其入口。

佛的牙舍利特称为“佛牙”、“佛齿”。据唐朝所译《涅槃经后分·对躯廓润品》说释迦牟尼佛曾答应将留给帝释天牙舍利一枚。佛陀圆寂火化后，帝释天于佛口中右畔上颔拔取了牙舍利，还天后起塔供养了佛的牙舍利。当时又有行动十分快捷的两名罗刹跟随帝释天之后，隐身盗取了一双佛牙。据说当今世界上“佛牙”只有两枚，一枚存于斯里兰卡，另一枚在我国保存至今。

这枚“佛牙”早就传入了中国。据史料记载，唐代和尚道宣律师曾从西明寺获得一枚“佛牙”。后来，唐太宗李世民知道后曾敕问道宣的弟子文纲：“宜右门进上，副朕瞻礼。”到宋代时，宋朝皇帝及文武百官，列朝迎接“佛牙”，将牙舍利置于内殿供养，后来移置开封大相国寺之内。说起来也很奇怪，后人发现这枚“佛牙”竟然供奉于北京西山灵光寺的辽代舍利塔之内。是实力强大的契丹人从相国寺夺取的，还是偷来的不得而知。“文革”后，将“佛牙”移至广济寺舍利阁供养。

北京市阜成门内大街路北的妙应寺也是辽代所建。妙应寺右侧原来有一座白塔，1096年，由辽代契丹人修建，内藏释迦牟尼佛舍利二十粒、香泥小塔两千、无垢净光等陀罗尼经五部。1271年，元世祖忽必烈驾至妙应寺发现，石函铜瓶，香水盈满，色如玉浆，舍利坚圆，灿若金粟，前有二龙王跪而守护。忽必烈看罢十分敬重，决定重修佛塔。于是，派人从尼泊尔请来了著名的建筑师阿尼哥，由他主持设计兴建了妙应寺元代白塔。把释迦牟尼佛“碎身舍利”二十粒供于塔内。塔体通高近五十米，通身白色，顶上有铜宝珠、伞盖，极为雄伟壮观。

在明末及清朝年间，内蒙古地区也已修建过为数不少的舍利塔，有些舍利塔的“内在”等级很高，在全国也是十分罕见的。其中土默特左旗三世达赖索南嘉措的舍利塔（在察素齐之南）和阿拉善左旗南寺六世达赖仓央嘉措的舍利塔是我区诸舍利塔中的典型。

明神宗万历十一年（1583 年），应塔尔寺附近部落头人申中昂索和塔尔寺池巴完哲坚赞的邀请，三世达赖索南嘉措又到青海讲经说法。完哲坚赞等人为其专门修建了“森康贡玛”，以供索南嘉措驻锡。土默特部黄台吉（僧格都棱汗）获悉三世达赖喇嘛的消息后，特意派人来邀请索南嘉措，希望他到土默特部，为已故的阿勒坦汗诵经祈祷。三世达赖索南嘉措接受了邀请，于 1584 年从塔尔寺缓慢启程，前往内蒙古。1585 年，经陕西古道边墙，到达了萨拉乌素北岸的依克沙巴尔之地，驻锡于鄂尔多斯库图克台彻辰洪台吉为他特设的大帐篷内。

三世达赖索南嘉措在依克沙巴尔所逗留的三个月期间，接受了来自蒙古各部首领们的供养和布施，并予以“摩顶”和加持，同时调解了诸鄂托克之间的纠纷和争端。1586 年，三世达赖索南嘉措从依克沙巴尔驾临呼和浩特，受到了土默特部僧俗各界的热烈欢迎。1587 年，喀尔喀阿巴岱汗、喀喇沁昆都伦汗、察哈尔那木岱洪台吉等相继前来呼和浩特顶礼膜拜。察哈尔那木岱洪台吉为三世达赖索南嘉措奉献了一万头牲畜用以供养。1588 年，三世达赖索南嘉措应察哈尔图们札萨克图汗和喀喇沁部昆都伦汗的邀请，从呼和浩特启程，行至喀喇沁部驻牧的吉嘎苏台地方，示现圆寂，享年 46 岁。土默特部扯力克汗、济隆呼图克图以及索南嘉措的高徒希迪图嘎布楚等，为索南嘉措的舍利修建了灵塔，其临时舍利塔在大召寺之北。

时隔十年（1598 年），著名的济隆呼图克图完成了驻锡蒙古地区的使命，遵照西藏格鲁派的指示，准备奉携索南嘉措的舍利返回拉萨。为了护送索南嘉措的舍利，特意准备了察干库列（白色行宫），并从塔内取出了三世达赖的舍利宝瓶，将舍利宝瓶装放于特选的白驼之上。当护送队伍行至土默特右翼第五甲（参领）地方时，白驼突然卧地不起。护送的官员认为，这是佛、菩萨的暗示，是给予土默特人的福分。于是，他们从宝瓶中取出部分舍利及金、银、珍珠、珊瑚等宝物，在白驼爬卧过的地方修建了一座雄伟庄严的白塔，塔体通高16米，并将舍利和宝物供于塔内（此塔有碑文）。

## 转塔和转经

藏传佛教向来提倡和宣传广大信徒，要经常坚持“转经”活动。顾名思义，就是心怀虔诚之心围绕寺庙、佛塔、神山等从左向右转一圈或几圈，甚至上百上千圈，这就是“转经”或“绕佛”，也称之为右绕。

据佛教经典和教义，右绕佛塔或“转经”对广大信徒来说，是一项非常重要而且是必不可少的佛事活动，是他们精神生活中习以为常的重要内容。这种活动意味着信徒们对佛陀及佛教的无限崇敬和信仰的坚定信心，同时，通过右绕“佛塔”和转经，使他们消除烦恼和业障，无形中获得无量的福报和功德。

右绕或绕佛，原来是古印度的礼节之一，后被佛教所采用，以顺时针方向行走，一圈、三圈或百千圈，表示对佛陀的尊敬。《法华经·化城喻品》载：“头面礼足，绕佛毕已。”“诸梵天王，头面礼佛，绕百千匝。”《无量寿经》上也有“稽首佛足，右绕三匝”的话，其意就是依顺佛法，坚定不移地走下去，造福无穷。凡是到过拉萨的旅游者都会看到，每天清晨，拉萨及来自西藏各地的藏民数千人或上万人，手持念珠，转动着小嘛呢轮，口中喃喃有词，面带愉快的笑容。从左向右绕行大昭寺时，其络绎不断的人流中，不但有男女老少、老弱病残，还有绵羊夹在中间，绕寺而行。

听说，在藏族地区规模最大，路程较远，人数最多的正规转经路，就在拉萨市。这一转经路从大昭寺外围作为起点，最后又在大昭寺门前结束，将拉萨药王山、布达拉宫、小昭寺、下密院、尼姑庵等许多圣所都纳入转经路之内。徒步转经一圈需要两三个小时。据了解，为了给转经、绕塔者提供方便，凡是有藏传寺院和佛塔的地方，特意修好了转经、绕塔路，而且不少寺院在转经路边配备了经轮（或经筒），绕塔的信徒们边走边将经轮转动一下，就等于将经轮内的经咒，念诵了数百遍，其功德也加倍增长。

众所周知，青海塔尔寺的大金瓦殿和八宝如意塔是青海、甘肃和内蒙古地区广大信徒们所顶礼崇拜和转经右绕的地方。塔尔寺大金瓦殿，原为宗喀巴大师诞生的地方。大金瓦殿是位于塔尔寺中心的三层大殿，面积约 450 平方米。底层墙用碧浆琉璃砖砌成“须弥座”，二层屋檐及三层之顶都用鎏金铜瓦覆盖，金光四射，炫然夺目。而殿背之金轮、金幢、金鹿则为乾隆五年（1740 年）西藏颇罗鼐捐巨资而装饰的。殿中央矗立高 11 米的大银塔，是在宗喀巴大师母亲所建“莲聚塔”（1379 年）的基础上重建的，内供宗喀巴佛像。殿台为信徒虔诚膜拜处，遂用厚五六寸之市板铺垫；由于每日跪拜、磕长头不绝，其所铺市板变成极为光滑或严重磨损，过几年需加以更换。而且每天都有数以万计的朝拜者到大金瓦殿，转经绕塔昼夜不绝，为此大金瓦殿的墙上都配备安装了经轮（经筒），顶礼者边绕殿边推动经轮，极为方便。

塔尔寺的东头还有排列整齐的八座白塔，也就是八宝如意塔。很多虔诚的信徒们以磕长头的形式绕塔数圈，满意而归。每座佛塔的“装藏”都十分严肃和神圣。佛塔的“装藏”是非常讲究的，一般情况下，塔内“装藏”必须具备五部大陀罗尼、五处种子字、五处应安的梵书咒文、五宝、五甘露、五药、五谷、五香。其中五部大陀罗尼被称之为“法身舍利”。从这些意义上来讲，绕塔顶礼等于转动法轮，不识字的人也等于念诵了三藏经卷，无形中念诵了五部大陀罗尼。

据有关史料记载，在南北朝梁武帝时期，国内有一位好佛的居士叫傅翕，他发明一个器物为转轮藏，其外形类似一座花塔、上下有轴、能够转动。鉴于老弱妇孺不识字、无法读佛经，他想了个办法，将佛经之经律论三藏经典放在这个转轮藏的各格之中，令信者一推动，即获与读经者同样的功德和福报。后来他也舍弃田宅，带着两个儿子出家了，法名为“善慧”。

## 造型精美的锡埒图召佛塔

土默川北靠巍峨雄伟的大青山，南临滔滔奔腾的黄河，以其辽阔富饶、壮丽秀美的天然魅力，为生生不息的北方各族人民提供了丰富多彩的历史舞台。如果时空会倒流的话，如今的人们会看到北方敕勒族人民所生活的那种“敕勒川、阴山下，天似穹庐，笼盖四野。天苍苍，野茫茫，风吹草低见牛羊”的自然风情。

但是，时空不会倒流，历史也不会重演，当蒙古土默特部强有力的首领阿拉坦汗雄踞昔日的敕勒川后，使这里的历史舞台又充满了神奇的色彩。这位雄才大略的阿拉坦汗不断扩充势力，对外征战，控制了青海全境，影响了天山南北。当凯旋之师返回土默特本土时，著名的宗教活动家阿兴喇嘛也随部来到阿拉坦汗的牙帐。阿兴喇嘛所宣讲的娓娓动听的佛教道理、因果、业障和六道轮回等世间佛法，使阿拉坦汗茅塞顿开，产生了对佛、法、僧三宝的敬仰和崇拜。经过阿兴喇嘛的开导和奔走搭桥，1578 年，在青海“大乘法轮州寺”（又名“仰华寺”）所召开的十万人大会上，阿拉坦汗与西藏格鲁派三世达赖索南嘉措会晤，接受了黄教。

为了表示笃信佛教的虔诚之心，阿拉坦汗曾许愿，回去后要修建一座寺庙，以供奉释迦牟尼佛像。

1579 年，寺庙建成，内供有银制释迦牟尼像，这就是如今的呼和浩特大召寺。阿拉坦汗去世后，1586 年，三世达赖索南嘉措应阿拉坦汗之子僧格杜棱汗的邀请，到达了呼和浩特，驻锡在为接待他而特意修建的锡埒图召。通过这类高层次的佛教活动，使土默特及呼和浩特逐渐成为佛教格鲁派在内蒙古地区得以传播发展的根据地和桥梁。正因为这样，明朝后期至清朝年间，土默特部人在呼和浩特地区所建大小寺庙和佛塔就有一百多座，民间素有“七大召、八小召，七十二个绵绵召”之说。

自古有庙则有塔加以衬托和相伴，这些寺庙旁边都曾有过诸如舍利塔、长寿塔、吉祥塔、功德塔等名类多样的大小佛塔。其中，呼和浩特西白塔和锡埒图召白塔，以挺拔高大，肃穆壮观称雄于诸塔之中，是内蒙古地区藏式佛塔之王。这里所说的呼和浩特西白塔与三世达赖索南嘉措有关，因此，我们还是从索南嘉措的来临说起。

三世达赖索南嘉措应僧格杜棱汗为首的右翼三万户的邀请到达呼和浩特的消息传遍了整个蒙古地区，于是1587年，喀尔喀阿巴岱汗、喀喇沁昆都伦汗、察哈尔那木岱洪台吉等相继来呼和浩特朝拜。那木岱洪台吉为三世达赖索南嘉措敬献一万头牲畜以供养，与此同时，喀喇沁昆都伦汗和察哈尔图们札萨克图汗都派人来邀请索南嘉措。1588年初，索南嘉措从呼和浩特启程，欲前往喀喇沁和察哈尔之牧地，行至喀喇沁部所驻牧的吉嘎苏台地方（今蓝旗）圆寂，时年46岁。当时，土默特部扯力克汗（僧格之子）、济隆呼图克图以及索南嘉措的高徒希迪图嘎布楚（席力图·固什·绰尔济）等，在大召寺之北修建了一座佛塔，将索南嘉措的舍利供养于塔内，所举行的塔葬仪式想必十分隆重。

时隔十年（1598年），济隆呼图克图完成了驻锡蒙古地区的使命，遵照西藏格鲁派的指示，准备奉携索南嘉措的舍利返回拉萨。为了护送索南嘉措的舍利，特意准备了察干库列（白色行宫），从塔内取出三世达赖的舍利宝瓶，将舍利宝瓶装放于特选的白驼之上。当护送队伍行至土默特右翼第五甲（参领或扎兰）管辖之地，白驼突然卧地不起，令护送队伍的众人十分惊异。他们都认为，这是佛菩萨的暗示，是土默特人的造化。于是，他们从宝瓶中取出若干舍利及金、银、珍珠、珊瑚、白檀、沉香等宝物，在白驼趴卧之地，修建了一座雄伟庄严的覆钵式白塔，将舍利和宝物供于塔内。塔体通高16米，是土默特的重点景观。

锡埒图召佛塔

乾隆三十八年（1773年），这座美丽的佛塔被洪水冲塌，当时土默特左右两翼十二甲（参领或扎兰）和六十苏木章京们出资捐款，在原塔基之北，择地修筑了一座与原塔一样的佛塔，并绕塔修建了近二百米的围墙。1774年10月，进行了“开光”念经仪式。这座佛塔历经劫难，如今已成为历史了。

锡埒图召的白塔，以它的高大雄伟，独特风姿，堪称内蒙古地区藏式古塔之王。这座古塔坐落于锡埒图召大经堂的东南，经堂大院东侧有一垂花门，进去便是塔院。此塔为覆钵式喇嘛塔，整座塔体均以白石雕砌而成。塔身通高15米，由塔台、塔基、须弥座、塔瓶、塔刹（相轮、宝盖、鎏金双耳、仰月、太阳）等不同名称的部分组成。

塔台和塔基均以白色大块条石砌成。塔台为正方形，台高1.6米，宽长各为10米。正南中间有条石阶梯可登塔台。塔台上的塔基也呈正方形，边长各4米，高2米。塔基四周所刻火焰金刚杵、狮子浮雕以及四角的石柱子，均呈举托须弥座之状。塔基上又有五级逐渐内收的须弥座，每级的边上都刻有相应的图案和梵文六字真言。须弥座上有巨大的覆钵式塔瓶，塔瓶南面正中有龛门，通过龛门，可以看见塔瓶内所供养的长寿佛像。塔瓶之上为塔刹部分，有十三节相轮、鎏金双耳、宝盖以及仰月和太阳。这座雄伟的古塔并不是常见的舍利塔，而是供养长寿佛像的长寿佛塔。修建长寿佛塔的缘故，与锡埒图召本身的历史大有关系。

清代，在漠南蒙古地区，除多伦诺尔掌教札萨克达喇嘛章嘉呼图克图以外，各地诸寺庙众多“转世”活佛系统之中，作为呼和浩特掌印札萨克达喇嘛的锡埒图呼图克图的系统，地位较高、资格最老、影响最大，是内蒙古地区各盟众多寺庙的诸活佛不能相比的。一世锡埒图呼图克图，作为四世达赖云丹嘉措的经师、学者、翻译家，颇具神通的希迪图噶布楚是很有影响的人物。其原名为贡桑池巴，有关蒙文文献里称他为“希迪图噶布楚”、“锡埒图·固什·绰尔济”和“阿里克达赖绰尔济”等，雅号有很多。

1586 年，一世锡埒图呼图克图贡桑池巴作为三世达赖索南嘉措的重要随从，陪同索南嘉措来到呼和浩特。1588 年，应蒙古喀喇沁昆都伦汗之请，陪同索南嘉措东行至该部所在地扎噶苏台时，三世达赖索南嘉措示现圆寂。在弥留之际，三世达赖的遗嘱中，特意嘱托其高徒希迪图噶布楚：“汝希迪图噶布楚，须坐我的法座（指锡埒图召里所设的法座），将一切善后事宜办完以后，从东方寻找我的‘转世’。”于是，希迪图噶布楚顺利地完成了索南嘉措所嘱托的各项事宜，又遵照索南嘉措的遗嘱，就坐了锡埒图召的法座，因此，人们称他为一世锡埒图·固什·绰尔济，这是锡埒图召活佛系统之始。

1634 年，一世锡埒图呼图克图圆寂，享年 70 多岁。可是锡埒图二世至八世七位呼图克图的阳寿都比较短，其中，只有四世锡埒图呼图克图活到 43 岁，其余只活了 5 岁、12 岁、14 岁、20 岁不等。阳寿都过于短暂，此事自然会引起人们的议论和关注。

1804 年，九世锡埒图呼图克图坐床。在锡埒图召的历代“转世”

活佛之中，他属于比较长寿和有作为的呼图克图。他特别关心和注意了本寺历代活佛阳寿过短的情况，于是，他本人主持修建了这座雄伟挺拔的长寿佛塔以祝锡埒图召的活佛和众喇嘛健康长寿。此塔竣工于咸丰年间。

## 独具特色的金刚座舍利宝塔

有幸到草原青城旅游的海内外游客们会惊奇地发现，这座素享“召城”（多寺庙之城）美名的塞外古城呼和浩特，历史上曾经是藏传佛教格鲁派得以传播的根据地和“黄金桥梁”，是四世达赖喇嘛云丹嘉措的诞生之地。故此，历代筑建的金碧辉煌、典雅古朴、美丽壮观的大小寺庙，多至一百余座，遍布青城内外，堪称古刹禅林的世界、喇嘛汇集的社会，是有关佛教诸多名胜的荟萃之地。其中闻名中外的

金刚座舍利宝塔

金刚座舍利宝塔（五塔寺），是诸多名胜中的精华，是国内极为罕见的塔刹瑰宝。现在，古貌焕发，雄姿迷人。游览如此别具风采的名胜古迹，观赏佛刹古塔，是一种特殊意义的旅游活动，它会给您带来意想不到的快乐和放松，甚至会使您触景有感、闻声有悟、消除烦恼，从而诸事顺利、前程似锦。你不妨去看看金刚座舍利宝塔，兴许会有意外的收获。

说到这里，使人不由得想起了中国佛教禅宗六祖慧能大师的故事，不妨先听一段故事和有关讲解，这样更有助于了解金刚座舍利宝塔的内容和含义。

禅宗的第六代祖师六祖慧能大师，俗姓卢，祖籍范阳人，在唐高祖武德年间，因为他的父亲到岭南广东做小官，便落籍于新州。六祖慧能三岁时父亲去世，母亲守寡抚养其长大。由于家境贫困，他经常以打柴卖薪为生。有一天，他肩挑柴火，走到街边集市，准备卖柴火时，看见有一个人，手捧经卷，正在认真地诵念《金刚般若波罗蜜多经》（简称《金刚经》），当听到玄妙之处，不识字的六祖慧能茅塞顿开、烦恼全消，开悟所致的快乐心情，实在难以言表。六祖慧能上前问念经人："此经何人所教？"那个念经人说："这是湖北黄梅县的禅宗第五代祖师弘忍禅师教人读的佛经。"听罢，六祖慧能十分高兴，便回去好生安排母亲的生活，筹足了盘缠，直奔湖北黄梅县，投师学经，最后当上了禅宗第六代祖师。

众所周知，金刚是一种珍贵的矿物，质地坚硬、坚不可摧。因此，佛经中，多以"金刚"来比喻不生不灭，永恒、常住的"金刚不坏身"或佛的"法身"。《大智度论》等佛经里，把佛教三藏的戒、定、慧也比喻为金刚，如戒律为"毗尼金刚"，禅定为"金刚定"、"金刚三味"，智慧（般若）为"金刚智"、"金刚般若"等等。梵语"波罗蜜多"为"到达彼岸"之意。总之，"金刚波罗蜜多经"的中心含义是，以戒、定、慧修行的大智慧，了脱生死，到达彼岸极乐世界。同时，《金光明经·舍身品》里又讲到，佛家圆寂时所遗留的舍利是戒、定、慧所熏修的特殊产物，没有佛法戒、定、慧的修炼，就谈不上舍利。因此，《大智度论》里又把三藏经卷视为“法身舍利”，经咒也被看做“法身舍利”。由此可见，佛家把《金刚般若波罗蜜多经》视为“法身舍利”是自然的事了。

现在，你们可以去游览这座闻名于世的金刚座舍利宝塔。这座著名的宝塔，位于呼和浩特旧城东南，俗称五塔寺，蒙古人则称其为“塔本·苏布尔嘎”，是呼市“小召”的属塔。

五塔寺

“五塔寺”的阳察尔济一世呼毕勒罕原为“小召”（“崇福寺”）的喇嘛，后提升为呼和浩特札萨克达喇嘛。清雍正初年，以年班进京朝觐之机，呈请理藩院修建一座召庙。得到准许后，雍正五年（1727年），该喇嘛以私财始建五塔寺。雍正十年（1732年）竣工落成，清廷赐名“慈灯寺”，并赐予三种文体的寺额。金刚座舍利宝塔的建筑形式源于印度佛陀伽耶寺，这种形式的塔在国内仅有五座。其中呼和浩特金刚座舍利宝塔，修建年代虽晚于其他四座，但其挺拔秀丽、庄严优美、精巧和谐的造型实属国内罕见。

金刚座舍利宝塔，由塔基、金刚座、舍利宝塔三大部分组成，通高为16.50米。其建筑结构均采用砖砌，白石镶边，包角等工艺。方形塔基高为一米，塔基之上为方形金刚座，它由须弥座和金刚宝座两部分组成。须弥座和金刚宝座之间存在一条分界带，也可称须弥座的上檐，均镶以汉白玉石，上有以蒙、藏两种文字镌刻的佛教吉祥语。须弥座的浮雕有五方佛坐骑图案：象、狮子、孔雀、马、金翅鸟（迦楼罗）以及其他吉祥物。

须弥座五方佛坐骑图案可以说明，金刚座为五方佛（毗卢遮那佛、不动佛、阿弥陀佛、宝生佛、不空佛）的巨大坛城。金刚座正中开拱门，上嵌有汉白玉匾额，额面上用梵、藏、蒙、汉四种文字刻写“金刚座舍利宝塔”的字样。须弥座之上为金刚宝座，共有七层，高7.82米。第一层上，用梵、藏、蒙三种文字刻写佛教经典《金刚般若波罗蜜多经》（简称《金刚经》），这是五塔的殊胜精华和“法身舍利”，是五塔寺赖以加持升华和普度有缘众生的佛教三藏极品。从第二层到第七层，均塑鎏金佛像，凡1119龛，每龛一佛。佛像姿态各异，栩栩如生。金刚座上挺立着五座舍利宝塔，代表着毗卢遮那佛、不动佛、阿弥陀佛、宝生佛和不空佛五方佛。五座舍利宝塔的中央一塔为最高，其高为6.62米，共七层，其余四塔高为5米，均五层。其顶部均筑有金黄色覆钵式佛塔。五座舍利宝塔没有龛门及佛眼，其第一层都有五方佛作手印的浮雕，中央一塔，肯定代表毗卢遮那佛、其余四塔分别为阿弥陀佛、不动佛、宝生佛和不空佛等。

但是，五座舍利宝塔之内，都没有供养和安放什么活佛的骨灰或呼图克图的“生身舍利”，却“装藏”了一些经卷、经咒以及其他五宝、五甘露、五谷、五药、五香之类的东西。这是藏传佛教修建佛塔时，必须具备的物品，否则就没有佛的加持力和神力。据《如意宝珠金轮咒五经》说，如果坛城和塔内没有舍利，经过念经加持后的金、银、琉璃、水晶、珍珠玛瑙等宝物，可以代表舍利，何况还有“金刚经”等三藏精品呢。因此，佛塔经过“装藏”之后，都具有“法身舍利”的效应，故称为舍利宝塔。

金刚舍利宝塔的北边有一堵砖砌山墙。墙壁上有三幅石刻图形。其中央一幅为“须弥山分布图”，西侧一幅是“六道轮回图”，东侧一幅是“蒙文天文图”。这幅石刻蒙文天文图，直径1.5米，是清朝钦天监制定的天文图，也是我国和世界上所发现的唯一用蒙文刻制的天文图。

五塔寺原来是三重院落的寺院，在清代，这座塔院里香火曾盛极一时，归化城八大召跳查玛都集中在这里举行。创建五塔寺的阳察尔济于乾隆十年（1745年）圆寂。第二世为科尔沁部达尔汉亲王旗公喇里勒坝之子，他坐床后，以年班进京，参加了冬历年班念经事宜，于1808年圆寂。第三世为喀尔喀达尔罕贝勒旗章京甘珠尔扎布之子，1851年圆寂。第四世为四子王旗巴图敖其尔之子，于1885年圆寂。此后，五塔寺没有寻找“转世”呼毕勒罕。

## 阴山古刹喇嘛洞召佛塔

乘车西行六十华里，经毕克齐镇北行不久，便可看见独具特色的历史名刹喇嘛洞。喇嘛洞三面环山，群峰凌霄，青松翠柏，尽饰群山，清泉溪流，林间潺潺。喇嘛洞所依的东固哈达山，犹如开怀常笑的弥勒佛，安坐于正北；哈登席力（铜山）横亘于寺之东侧；阿斯楞席力（狮子背）耸立于寺之西边；巴拉陶勒盖（虎头山）雄踞于寺之东北，俨然如守护佛祖宝座的护法。喇嘛洞仙境般的风景，向来有四季美的佳誉，春来山杏泛红，盛夏山丹争妍，金秋叠翠，冬则雪挂琼枝。崖缝清泉，林间溪流，水质甘甜，冬不结冰。

喇嘛洞，俗称银洞，位于东固哈达山山腰，原为天然形成的岩洞。清乾隆年间，经住洞众僧出资加以拓宽和修缮，使天然岩洞有所改观。洞口至山脚，修有石阶124级，这就是人们所说的后寺的银洞。

银洞正南山麓有佛爷府，佛爷府之北有三座覆钵式白塔，塔高均有6米之多。塔基为方形，边长为3米，基高1.5米。塔基之上有逐层内收的五级须弥座，须弥座上方坐落着被称为善见城的粗大塔瓶，塔瓶正南面有普照众生的佛光门（称龛门或佛眼），塔瓶之上为十三相轮和伞盖。三座白塔，自西而东依次为通化塔、聚福塔和菩萨塔（观音塔），均为众生的吉祥，聚福而建。佛爷府之南为前寺，是广化寺的主体建筑群，殿堂凡四重。第二重为九楹两层楼的大经堂，楼下正中设活佛法座，两侧依次为各级喇嘛诵经的座位，重大法会都在这里举行。楼上正中供着七世活佛的舍利塔七座（不包括第一世和第九世），其中三座是鎏金铜塔，其余四座为檀香木塔。塔高为数尺，玲珑精致，虽为覆钵式菩提塔，但是塔瓶小巧精美，镶嵌珠宝并刻有佛教图案。看到这些玲珑精致的舍利塔，不由得联想到，被称为“广化寺”的喇嘛洞，是一座有着特殊来历的寺院。

据史料证实，喇嘛洞起初为藏传佛教噶举派（俗称白教）喇嘛的修行之所，故喇嘛洞高僧的前三世均为噶举派密宗传承的喇嘛。康熙年间，格鲁派（黄教）已处于统治地位，噶举派所剩阵地不多，为形势所迫，喇嘛洞活佛及众僧不得不改宗为格鲁派（黄教）。这里我们不妨讲一点与蒙古地区噶举派有关的历史。

1576年，对全蒙古地区来说也是不寻常的一年。据萨囊彻辰所著《蒙古源流》和相关的文献记载，是年，为了巩固和加强其蒙古汗国，察哈尔图们札萨克图以全蒙古大汗的名义发号施令，主持召开了蒙古各万户洪台吉及首领们参加的规模很大的会议。颁布了两项重大决定：1.重新颁布和实施昔日成吉思汗大札萨。2.将藏传佛教噶举派尊崇为国教。此时，已有为数不少的噶举派喇嘛前后来到内蒙古的中、西部地带，逐渐进行了收徒传法或择地居山独修等活动。其中，比较活跃的代表人物是察哈尔图们札萨克图汗所顶礼膜拜的腰缠藏刀的噶玛巴喇嘛永瑞桑布却尔吉。

从有关蒙文文献里能够了解到，这位噶举派高僧永瑞桑布却尔吉，为人热情谦卑，有求必应，没有多少宗派界线和分别心。他曾应土默特部之邀，到达该部所在地，受到了隆重的礼遇。又应土默特阿拉坦汗的委派，热情参与了前去邀请三世达赖索南嘉措的使臣队伍，去过西藏拉萨。为了促成阿拉坦汗与三世达赖的会见，永瑞桑布却尔吉与阿拉坦汗同达青海察卜恰勒。当第三道迎接队伍出发之后，永瑞桑布却尔吉率领的五百骑士，代表阿拉坦汗本人前去迎接了三世达赖。时隔八年，应土默特僧格杜棱汗及鄂尔多斯库图克台彻辰洪台吉之邀，三世达赖索南嘉措行近鄂尔多斯，年事已高的噶玛巴喇嘛永瑞桑布却尔吉带领鄂尔多斯诸台吉，在兀慎鄂托克（今乌审旗）的依克沙巴尔地方，迎接了三世达赖索南嘉措。后来，这位噶举派高僧圆寂于察哈尔。

游历西部地区噶举派喇嘛的主要活动区域为大青山的山清水秀的幽静处。因为藏传佛教噶举派的弘法、传法和修行方法与格鲁派有所不同。噶举派坚持隐居深山僻壤之中，以修炼密法，而这些密法的修习，又必须通过口耳相传的方式，即所谓“传教以师徒相承，口语传授，耳听心会，注要密法，不重经典”。另外，噶举派的创始人玛尔巴、米拉日巴、林热巴等大德喜欢穿白衣或该派僧人的僧裙中加有白色条纹的缘故，俗称为“白教”。蒙古地区，便称其为“察罕喇嘛”或“察罕迪彦齐”（即“白教禅师”）。

喇嘛洞第一代活佛博格达察罕喇嘛便是噶举派僧人。据有关资料记载，此人法名拉西扎木素，是土默特部台吉之子。年轻时放荡不羁，举止粗暴，经常单人独骑四处游荡。一次他梦见一持枪白衣僧人对他喝道：“尔乃为众生谋福而从色究竟天降生之人，何以如此放荡？”说完便用枪将其身躯刺穿。拉西扎木素惊醒之后有所感悟，于是决定脱离红尘的轮回之苦，出家学佛。遂告别父母，走进大青山密林深处，找到了噶举派上师玛热坚及古扬喇嘛，拜师受戒，开始潜心修起了噶举派的密法。据三世土观呼图克图所著《大德拉西扎木素及诸辈弟子传记》记载：大德拉西扎木素实属噶举派苦行僧，是从先师们那里得道的高人，他本人并不依靠听取浩瀚的经典之类来修行，而是依据先师们口授的教训来精修的，其所修密法为“那饶巴六法”。他经常独处于深山峡谷中，居无定所，手持先师米拉日巴使用过的藤杖，不断更换和迁移道场，最后选定东固哈达山的一个岩洞为修行密法的根本道场，收徒传法，被人称之为“博格达察罕喇嘛”。1627年，博格达察罕喇嘛圆寂，遗体葬于他坐禅的岩洞（即银洞）中。

喇嘛洞（“广化寺”）共迎请过九世活佛，据载，自四世那旺楚培勒活佛开始，将噶举派改宗为格鲁派了。

## 青山白莲五当召灵塔

内蒙古的五当召是闻名中外的藏传佛教古刹禅林。凡是游览过塞北名刹五当召的国内外游客和善知识（悟道之士），都曾有过挥之不去的美好感受和难以忘怀的特殊印象，致使怀古之情回味无穷。

五当召，原名为“巴达嘎尔禅林”（藏语），位于包头市东北五当沟（柳树沟）北端的吉勿伦图敖宝山之阳。在群山环抱，松柏柳

五当召

林的衬托之中，依山垒砌，层层重叠的白色藏式建筑群，使古刹五当召显得格外宏伟、壮观、净洁，处处洋溢着浓郁的藏传佛教风情。当游客们饱览了浑厚洁白的藏式经堂，独具特色的时轮学部殿，保存完好的七世活佛苏布日嘎陵，古香典雅的章嘉呼图克图和甘珠尔瓦活佛府邸之后，会由衷地称赞五当召不愧为藏传佛教正宗禅林，所设时轮学部堪称蒙古地区的高等学府。更令人惊叹不已的无疑是保存五当召历代活佛舍利的苏布日嘎陵，它是五当召的精神支柱，是法脉延续和发展的象征。陵内所供奉的历代活佛的舍利，历经劫难，却完好无损，令五当召的众僧格外敬重，当做无上法宝，顶礼膜拜。

佛教徒们认为佛、法、僧为佛教界的三宝，佛灭，法不能灭。活佛和高僧大德圆寂时，进行焚化或以其他特殊方法处理后，所留下的有色结晶体、头发、肉身等统称为舍利。据《造像量度经》记载，舍利的颜色也有所不同，骨舍利色白，发舍利色黑，肉舍利色赤。获圣果者都有舍利，但只有佛舍利，锤击不碎，有大神异、大加持力。这就是人们所说的“法身舍利”。因此，“供养舍利即是佛宝，见佛即见法身”（《大般若涅槃经后分》）。

释迦牟尼圆寂时曾吩咐其大弟子迦叶尊者继续主持佛教事宜。迦叶之后，由阿难尊者主持了佛教事业，受到印度举国上下的敬重和爱戴，具有“第二佛陀”之美称。当阿难圆寂之前，坐船准备渡河时，有两个国王听说阿难即将圆寂，各自领兵前来准备夺走阿难尊者，双方军队隔河对峙，随时会发生流血冲突。为了他一个人，无明的众生相互兵戎相见，这是阿难尊者最不愿看见的暴力行为。于是他令其弟子们在船上堆薪点火，自己端坐于上焚之，两岸军队无人不痛哭。阿难尊者众弟子根据他的遗嘱，将舍利分为四份，各造宝塔供养之。

从此，佛教也逐渐普及印度及东南亚各国，佛教徒们也越来越认为，佛门至尊及高僧大德圆寂之后，建塔来供养其舍利和遗物是功德无量的大事，于是诸国各地修建各类佛塔之事也越来越多。但是各类佛塔的大小和形状，根据需要也有所不同，有的高达数十米，有的则一米左右。五当召的苏布尔嘎陵内所供七世活佛的舍利塔，均属于佛堂里供养而设制的小型灵塔。

五当召所处山坡的最上层是被称之为苏布日嘎陵的佛堂，堂内供养本寺七世活佛的七座灵塔。灵塔均为一米多一点的鎏金铜塔，并镶有珍珠、玛瑙、松石，塔顶伞盖雕刻极为精细。正方形的塔基上是被称为须弥座的五级台座，须弥座之上的塔瓶内存放着活佛的骨灰舍利，覆钵式的塔瓶都有玲珑精制的龛门，活佛的骨灰和舍利是从龛门放进塔瓶内的。塔瓶之上的塔颈（塔刹），都由十三个相轮组成，这些相轮代表十三天，也就是说修成正果，要经过十三阶段。苏布日嘎陵内的七座鎏金佛塔是五当召七世活佛历经艰难，精进修行、弘法度生的结晶，是一部度化众生的精彩的佛教故事。

17 世纪 90 年代初，人们暗中传说五世达赖喇嘛早已圆寂（1682 年）多年，西藏政教主持人第巴·桑杰将此事长期保密，不为外人所

五当召苏卜盖陵塔

五当召苏卜盖陵内舍利塔

知。而他却始终以达赖喇嘛的名义进行对外联系或发号施令，甚至以达赖喇嘛的名义暗中支持卫拉特的噶尔丹，进攻和占领喀尔喀全境，进而与大清朝为敌。此事，引起了康熙皇帝的怀疑。康熙皇帝觉得必须挑选一名非常可信的喇嘛，派往拉萨，以探视五世达赖喇嘛是否尚在，同时谕召五世班禅罗桑益喜来京。结果，选中了与康熙皇帝关系颇为密切的呼和浩特小召活佛内齐托因二世（茂明安旗鄂齐尔台吉之子）为派往拉萨的首席使臣。

1695 年春，当内齐托因二世为首的庞大的使团从呼和浩特出发时，土默特部管辖内的喀尔喀台吉喇嘛扎布作为随从协理参加了使团。到达拉萨后，笃信佛教、心地善良的喇嘛扎布，跟随内齐托因二世朝拜了黄教三大寺并以金银珠宝进行了布施供养。随后又到日喀则扎什伦布寺叩拜五世班禅大师，喇嘛扎布极其虔诚地祈求班禅大师：设法给他降生一个弘扬佛法的孙子。班禅大师说：可以，回去好生顶礼供养三宝（佛、法、僧），便可灵验。

为了得到第巴·桑杰的明确答复，内齐托因二世为首的使团在拉萨进行佛事活动的同时，耐心地等候了半年。结果，第巴·桑杰却以达赖喇嘛“闭关”修行，长期“入定”为由，不许使臣与达赖见面；班禅大师也表示，本人未曾出痘，不宜起身东行。

1696 年 3 月，内齐托因二世带领的使团回到了北京，向康熙皇帝如实汇报了出使各项事宜。

真可谓心诚则灵。喇嘛扎布台吉随佛西行有果，祈求有验，是年（1696 年）他的儿媳妇果真生了个男孩。喇嘛扎布认为，这是向班禅大师祈求所得的孙子，与佛门有缘，其命不凡，务必善加护育，以便待其长大，早日拜师学经。当他长到五岁的时候，被送到却扎布禅师驻锡处，开始拜师学字念经。却扎布禅师惊奇地发现，这个乳臭未干的小徒弟，天资聪颖、记忆惊人，若有幸得遇名僧大德，加以特殊调教，日后必成佛门大梁，于是，他想起了多伦诺尔会心寺（今无存）的高僧甘珠尔瓦诺门汗。

驻锡于多伦诺尔的甘珠尔瓦诺门汗身负重任，是奉命协助章嘉呼图克图掌理漠南蒙古佛教事宜的大德。此时，在诺门汗的周围，来自蒙藏各地，慕名拜师，才学精进的弟子不胜枚举，但是，真正令诺门汗十分满意的出类拔萃的弟子却至今尚未出现。为此，甘珠尔瓦诺门汗曾祈求万能的“度母”赐予一位真正领悟佛教根本的有缘弟子。不久，万能的“度母”托梦暗示，所求之事，如愿以偿。

小徒弟九岁那年，却扎布禅师把他带到多伦诺尔会心寺，推荐给甘珠尔瓦诺门汗。诺门汗见到这位根器不凡的梦中弟子，十分高兴地传授了沙弥戒，并给他取名为阿旺曲日莫。在甘珠尔瓦诺门汗和章嘉呼图克图的细心调教和指点下，本来悟性过人的阿旺曲日莫，其学习越发如鱼得水，日益长进，使年事已高的两位老活佛非常高兴。

可是，章嘉呼图克图圆寂（1714 年）后的几年时间里，甘珠尔瓦诺门汗日夜忙于处理多伦诺尔佛教事宜，无暇兼顾阿旺曲日莫的学经修法。于是，他建议阿旺曲日莫去甘肃天祝县的色日困寺（罗布桑丹津事变时被毁、后改为石门寺）学习一段时间。

阿旺曲日莫觉得，自己在会心寺潜心学习佛经，星移斗转，四时更替，不知不觉之中已过了十几个寒暑，作为一个已受比丘戒的喇嘛，应该走进滚滚红尘、芸芸众生之中，以体察众生的生、老、病、死之苦，坚定其无量“六波罗蜜多”心。他听从了师父的安排，决定先去色日困寺。

当时，天祝县的色日困寺，在安多地区名声很大。1652 年，五世达赖阿旺・罗桑嘉措奉召进京途中曾到过该寺。五十年之后，六世达赖仓央嘉措被和硕特蒙古拉藏汗废黜后，在解送北京的途中逃脱，1716 年辗转来到色日困寺，在此驻锡了一年。其消息暗中传遍安多和蒙古地区，甘珠尔瓦诺门汗得知，惊喜万分，遂派阿旺曲日莫去色日困寺。当时，六世达赖仓央嘉措是逃难之人，不宜过分显露自己，因此，阿旺曲日莫到色日困寺，是否见过六世达赖，不得而知。

在色日困寺学习期间，他求教于很多高僧，也接受了很多传法灌顶，受益良多，启发很大。随后，他应邀来到乌拉特前旗，诵念了祝福消灾之经，受到了众人的尊敬和称赞。阿旺曲日莫自以为是甘珠尔瓦诺门汗的得意弟子，才学出众，辩才过人，会令人闻而生畏，可是他不曾想到学海无涯，佛教如此玄妙深奥。当他路经呼和浩特时，无意中与以雄辩著称的济利克·却尔吉喇嘛相遇，于是互不相让，辩起经来。阿旺曲日莫凭其才思敏捷，反应迅速，频频予以反击。济利克·却尔吉向来阅历丰富，佛学深厚，辩才老道，他终于以难题、怪题辩倒了火候欠缺的阿旺曲日莫。败北之后，年轻好强的阿旺曲日莫自己感到无颜面对会心寺众僧，与其返回多伦诺尔，不如去西藏拉萨学佛深造，寻求更高境界。

1723 年，阿旺曲日莫到达拉萨，经人推荐进入哲蚌寺四大札仓之一的却依拉（显教学部）札仓，更加深入学习了佛经理论。在此期间，他还去过日喀则扎什伦布寺，得以拜见五世班禅大师罗桑益喜，有幸接受其长寿灌顶并取名为“罗桑坚赞”。

哲蚌寺的却依拉札仓历来是佛教徒们深造佛学理论的高等学府，是精进研讨、高论雄辩的殿堂。来自多伦的蒙古喇嘛阿旺曲日莫已成为这座殿堂的善辩无碍的佼佼者。当时，名为根顿·罗日布的喇嘛（来自青海），自恃知识渊博，精通佛学。阿旺曲日莫觉得应该好好修理根顿·罗日布的“我执”，以利启发其“谦卑”心，于是，提出要与他辩经。根顿·罗日布不曾料到，阿旺曲日莫辩起经来反应快捷敏锐，对答准确有力，辩词精湛滔滔，终于被逼入困境，以败北收场。拉萨的哲蚌寺，在其教学体制上是以显宗为主的寺院，因此，在却依拉札仓里从事佛学理论的蒙藏喇嘛们如此辩经是司空见惯的事。

1728 年，自从章嘉一世圆寂后，年事已高的甘珠尔瓦诺门汗，处理日常繁重的工作有些力不从心，希望有个得力的弟子来陪伴他的左右，以减轻他的负担。于是，写信敦促阿旺曲日莫务必返回多伦诺尔。1729 年，阿旺曲日莫回到多伦诺尔会心寺，使诺门汗非常高兴，让阿旺曲日莫主持了一次“时轮金刚”法会，非常成功。遂作出决定，在会心寺设立时轮学部（札仓），并由阿旺曲日莫主持。

当时，青海的动乱刚结束，从郭隆寺（后改为佑宁寺）找到的小活佛章嘉二世还是十来岁的孩子，不能马上主持漠南蒙古教务。因此，身居多伦诺尔印务处达喇嘛之职的甘珠尔瓦诺门汗，能够有权作出各项决定。不久，根据阿旺曲日莫的谦卑的品德和超群的才学，甘珠尔瓦诺门汗以多伦诺尔札萨克达喇嘛印务处的名义，授予阿旺曲日莫为“洞科尔·班智达”之号。众所周知，多伦诺尔是漠南教务印务处所在地，不宜常设时轮学部，但是，甘珠尔瓦诺门汗却希望漠南蒙古地区应该有一座以教授时轮学为主的较完善的寺院。

1734 年，甘珠尔瓦诺门汗圆寂后，秉承师父的遗愿，阿旺曲日莫带领弟子们爬山涉水，寻找吉祥风水之地，终于选中包头东北的吉忽伦图山阳为建寺之地。1750 年，建成了洞科尔大殿，是年又设立了时轮学部。1752 年，设立了却依拉札仓并举行了“开光”大典。1758 年，修成了苏古沁大殿，使五当召逐渐趋于完善。在此期间，曾派遣格隆·丹巴札市苏至拉萨进行布施供养，奏请七世达赖噶桑嘉措，为新建之寺取名为“巴达嘎尔禅林”，朝廷赐名为“广觉寺”。1763 年，洞科尔·班智达阿旺曲日莫活佛圆寂。其遗体火化时，出

五当召

现了很多舍利。后来将舍利安放于特制的鎏金铜塔之内，视为五当召的无上法宝，进行供养和顶礼膜拜，这就是五当召引以为荣的真正的佛塔。

## 草原之城百灵庙双塔

游客们也许不知道，历史上随着藏传佛教的传播和发展，数百年间在整个蒙古地区造就和产生了上千座富丽堂皇、典雅别致的佛寺禅林，同时与古刹相伴，筑建了数千座雄伟挺拔、肃穆壮观的覆钵式舍利塔、灵塔、吉祥塔、长寿塔和藏经塔等不同名称的佛塔。

这些独塔、双塔、四座塔、五座塔和八座塔，往往组合有则或排列整齐地坐落于古朴幽雅的经堂和宝殿前后，更加显得神秘和灵异。闻名中外的草原古刹百灵庙佛殿前面的那一对洁白如玉的双塔，属于供经塔。它宛如道貌安详的菩萨，盘腿打坐，以等待寻求解脱的

百灵庙

众生前来顶礼膜拜。

双塔后面是藏式经堂和汉式结构的佛殿组成的建筑群，规模宏大、造型考究。汉式结构的佛殿，飞檐彩楣、雕梁画栋、金碧辉煌；藏式经堂平顶无檐，墙面洁白，墩厚结实，上方以棕红色的万年蒿饰檐带并镶以鎏金铜镜。汉藏式庙顶的五彩琉璃瓦，金色的“甘迪尔”和鎏金宝幢，彼此衬托照应，挺拔高耸、光彩夺目。

每逢佛菩萨诞生和成道日，昔日的百灵庙热闹非凡。数以万计的牧人从四面八方拥向这里，他们全家扶老携幼，赶上牲畜、坐着勒勒车，从数百里之遥赶到百灵庙，“布施”供品，磕长头，点酥油灯，并右绕双塔，虔诚地祈祷，希望得到佛菩萨的“保佑”，能够健康长寿、诸事顺利。

达尔汉亲王诺内始修百灵庙至今已有三百年。这样漫长的岁月里，究竟有多少牧人众生受到佛菩萨的“保佑”和恩典，得以解脱，往生西方极乐世界，谁也无法知道。但是，喀尔喀右翼札萨克和硕达尔汉亲王诺内在“巴图哈拉嘎”地方，修建如此辉煌的佛教寺院，为后人提供游览和观赏之地，也可称之为一种功德。达尔汉亲王诺内之父本塔尔原为喀尔喀土谢图汗部人。本塔尔与土谢图汗部长衮布，彼此产生严重不和，1653 年 2 月，本塔尔台吉率领所部千余户，穿越沙漠归顺了清朝，使顺治皇帝非常高兴。是年 3 月，将本塔尔封为札萨克和硕达尔汉亲王，并赐牧于塔噜浑河“巴图哈拉嘎”一带。

1669 年，亲王本塔尔死。1670 年其第四子诺内袭为札萨克和硕达尔汉亲王。1675 年，其叔父镇国公扎木素（本塔尔之弟）煽动所属越界叛逃。亲王诺内得知情况，迅速召集旗下兵丁，与其弟萨玛第率兵拦截，追回了他的叔父扎木素，受到康熙皇帝的嘉奖。1696 年 5 月，达尔汉亲王诺内奉命率部参加了大将军费扬古所率领的西路大军，在喀尔喀昭莫多地方，打败了准噶尔汗国噶尔丹博硕克图的卫拉特军队，俘获其众 559 人。是年 10 月，康熙帝驾临归化城（呼和浩特），达尔汉亲王诺内从军中来到归化城，朝觐了康熙皇帝，并参加了有关活动。与此同时，自己抽空朝拜了大召寺、小召寺、锡埒图召和乌素图召，拜会了锡埒图四世呼图克图那旺罗卜桑拉布坦和内齐托因二世活佛。使达尔汉亲王诺内加深了对佛菩萨的敬仰和虔诚，决心回去后，自己也要修建一座寺院，以帮助弘扬佛教。

返回“巴图哈拉嘎”后，达尔汉亲王诺内着手进行了精神和物质方面的准备工作。1697 年，诺内和家人前去五台山朝圣，并对各大寺院“布施”了大量的财物，又从五台山请回了满殊希利佛像和一部经卷。同时将建寺地址选定于“巴图哈拉嘎”，它的汉译意为：坚固门户或坚不可摧的山门。亲王诺内认为，“巴图哈拉嘎”意味着吉祥、兴旺、发展、壮大。因为当年诺内的祖先成吉思汗第一次南征用兵金国时，其蒙古大军从“巴图哈拉嘎”进来，突破了由汪古部驻守的金国净州界壕，越过了阴山，从此不断发展壮大，万事如意。

据有关资料记载，1698 年，达尔汉亲王诺内亲自前往多伦诺尔拜见了甘珠尔瓦诺门汗，邀请他到“巴图哈拉嘎”地方主持兴建寺院。当时，多伦诺尔地方尚未修建的“汇宗寺”，“善因寺”和“会心寺”都处于思考和计划阶段，根本谈不上动工起建。因此，甘珠尔瓦诺门汗有充分的时间和精力，应邀前往“巴图哈拉嘎”，帮助诺内修建寺

百灵庙双塔

院。他亲自查看并选定庙址后，从山西应县请来了一批精于建筑的能工巧匠，甘珠尔瓦诺门汗亲自领他们到西藏，专门学习，参观、领略了藏式寺院经堂的整体结构和建筑程序，使他们对藏式建筑有所了解和领悟。回来以后甘珠尔瓦诺门汗便长期驻锡于“巴图哈拉嘎”，自己设计工程图案，具体指挥工程进展。

当时，土默特部却扎布喇嘛携来一名九岁的孩子，请求甘珠尔瓦诺门汗收徒教经。诺门汗觉得自己梦中有兆，与孩子有很深的师徒之缘，于是将孩子留在身边，取名为“阿旺曲日莫”，他就是将来的五当召第一世洞阔尔·班智达葛根。

1702 年至 1705 年，在达尔汉亲王诺内的雄厚财力支持下，用了长达三年的时间，建成了百灵庙西藏式正殿经堂。“开光”仪式，由甘珠尔瓦诺门汗主持，按传统方式召集 108 位喇嘛，诵念“格力嘉措”，抛洒加持的谷物和甘露，郑重地完成了典礼，满足了僧俗大众供佛拜菩萨的心情。此时，多伦诺尔“汇宗寺”也已开始动工兴建，甘珠尔瓦诺门汗也要回去协助章嘉呼图克图处理有关事宜，于是他带领阿旺曲日莫等众弟子，与达尔汉亲王诺内告别，返回了多伦诺尔。

现在佛殿前面肃穆壮观的双塔是倒塌以后重新修复的。原塔建于清朝中叶，塔体通高均为 7 米之多。塔基和须弥座均呈正方形，其七层逐渐内收的须弥座的上方为塔瓶，塔瓶正南面有火焰式的龛门。塔瓶之上为十三相轮和日月。在寺院的周围还有十余座风姿秀丽的小白塔，这些塔均为舍利塔、供佛塔和吉祥塔之类。

## 秀丽端庄的梅力更召高塔

我们从包头出发，沿着穆尼乌拉山南麓，乘车西行至包头市西郊的阿嘎如泰苏木境内，在很远的地方便能够看见高达数层的汉藏结合式寺院，这就是华贵典雅的梅力更召。

在寺庙对面的两座对称、秀美、挺拔的佛塔，如同两尊美丽挺秀的白玉菩萨，以其慈悲、博爱、安详之姿，似乎在迎接、加持和安慰八方众生，显得十分庄严、肃穆、平和、安逸。此处，修建两座如此高大雄伟的佛塔后，以其秀丽高雅、不同凡响的风姿，不但点缀和美化了古刹梅力更召，而且正如喇嘛们所说的，它无疑提升了穆尼乌拉山风水的灵气和仙气。

流经包头西郊的昆都仑河，犹如开山之斧，将大青山分为两支、一支山脉走向西北，是为狼山；另一支山脉走向西南，是为穆尼乌拉山。其“穆尼”之名，非同寻常，来历不凡。“穆尼”的原音为“摩

包头梅力更召高塔

尼”，是古印度传说中的宝珠。

《大智度论》中对宝珠有多种说法，或谓佛祖的舍利在“法没尽时”所化而成；或谓产于东海，龙王敖广献予佛祖；或谓帝释天与阿修罗大战时，所执金刚碎落人间，变化而成。总之“摩尼珠”是稀世珍宝，具有种种神异和不可思议的力量。相传，古代，有一位从西域过来的高僧，随身携带一颗五色辉耀的“摩尼珠”，走近仙境般的阴山南麓。其所携“摩尼珠”具有断除烦恼，消除业障，避开魔障的奇异功效。西域高僧看见高山峻岭、松柏蔽日，云雾封顶、清泉溪流，野兽出没嬉戏，格外高兴，觉得此处为最理想的“闭关”修行之所。于是，这位高僧深居洞穴，辟谷绝食，忘记了四季更替和人间生老病死，在“摩尼珠”的作用下，很快进入了四禅八定、三摩地的高境界。最终脱胎换骨，羽化升天时，特意留下了“摩尼珠”，使乌拉山变得更加人杰地灵，从此，被称为摩尼乌拉山。

汉文史料里，把“摩尼山”写成为“市纳山”，这是“摩尼”的变音。据民间传说和《蒙古源流》所记载，1227年，蒙古族一代天骄成吉思汗去世后，将灵柩送往蒙古高原布尔哈图肯特时，路经摩尼乌拉山（市纳山）南麓的多沼泽地带的库布克日，车轮陷泥，挺然不动，遂以五族人众之马驾而挽之，亦不能移动。此时，宿卫军之苏尼特部人吉鲁根巴图尔老于世故，聪明过人，口齿伶俐。他感觉到灵柩轮陷，不得移动，是摩尼乌拉山众神仙所为，摩尼乌拉山众神要拜见成吉思汗。于是苏尼特吉鲁根巴图尔合掌面对摩尼乌拉山，说了一番娓娓动听的颂辞后，斟酒敬洒于地，随即车轮缓缓移动，顺利地走出了库布克日沼泽地。从此，摩尼乌拉山与蒙古族结下了不解之缘。

15世纪初，北元的阿速特部首领阿鲁台与卫拉特部为敌时，得到了科尔沁部的支持，于是他拥立科尔沁部的阿岱台吉为全蒙古的大汗。阿岱汗将阿鲁台封为太师。卫拉特部的脱欢战败后，重整旗鼓，于1423年乘机攻打了阿鲁台太师。阿鲁台太师战败后，率领残部，辗转迁徙，到达摩尼乌拉山的察罕淖尔驻牧。不久，卫拉特脱欢太师领兵攻入摩尼乌拉山，袭杀了阿鲁台太师，其部众走投无路，多归脱欢太师。受到卫拉特的打击，阿岱汗及其部将们迁至额济纳沙漠避居，不久，又被脱欢太师所杀。

阿岱汗死后，其长子阿鲁克帖木儿和次子乌鲁克帖木儿，因家产和属民之事，发生了严重的纠纷，导致了科尔沁部的分裂。乌鲁克帖木儿率部出走，投靠了脱欢太师。脱欢死后，其子也先将乌鲁克帖木儿及其部众安置于摩尼乌拉山一带，是为四卫拉特的硕特部之祖。被称为和硕特的乌鲁克帖木儿部众，在摩尼乌拉山一带驻牧近30年。卫拉特发生内讧时，也先汗被害，和硕特部也逐渐离开摩尼乌拉山，北越戈壁，迁徙至科布多南部。

但是，摩尼乌拉山与科尔沁部毕竟有很深的缘分。元太祖弟哈巴图哈萨尔十五世孙布尔海，曾游牧于呼伦贝尔，所部号为乌喇特，是为阿鲁蒙古部。大清朝建立之初，布尔海台吉的诸孙子也都归顺了满族皇太极。到了顺治年间，为了防御阿尔泰以西日益强大的卫拉特联盟，顺治五年（1648年），顺治帝下令将乌喇特三部，从呼伦贝尔举部西迁至摩尼乌拉山的前后，赐牧驻防，并设施治札萨克。乌喇特台吉谔班、巴克巴海、图巴分别授予乌喇特前旗札萨克镇国公、乌喇特中旗札萨克辅国公、乌喇特后旗札萨克镇国公。乌喇特前旗第四代札萨克镇国公阿玉什去世后，其长子诺们继承为札萨克镇国公。诺们笃信佛教，非常虔诚。他听说已故的内齐托因呼图克图的心传弟子墨尔根佃齐是一位了不起的喇嘛，于是决定将墨尔根佃齐请至乌喇特旗内，弘扬佛法。

墨尔根佃齐是在东部蒙古地区被称之为“第二宗喀巴”的内齐托因呼图克图30名著名弟子中最得意的心传弟子，曾在大青山闭关修行多年，卓有成就。他见到内齐托因后，敬慕其法术和惊人的本领，便拜他为师，成了他的弟子。1625年，蒙古林丹汗攻打土默特部时，墨尔根佃齐避难而逃至翁牛特地方，师徒重逢，非常高兴。从此，墨尔根佃齐跟随在内齐托因左右，再没有离开。内齐托因圆寂以后，其一切善后事宜，都由墨尔根佃齐负责完成。康熙十四年（1675年），札萨克镇国公诺们在摩尼乌拉山南麓松柏环绕、风景优美的地方修建了一座寺庙，把墨尔根佃齐请至坐床。墨尔根佃齐主持梅力更召以后，在本寺内坚持蒙文蒙语研究和学习佛经，当成始终不渝的传统规矩。其实，真正规模具全的梅力更庙建成于康熙十六年（1677年），康熙四十一年（1702年），赐名为“法广寺”。梅力更召的活佛共传世八代。其极盛时期，有殿堂四座，经堂七处，藏经塔五座。

梅力更召门前的一对佛塔，宗教政策落实后，得到修缮。这一对覆钵式白塔，通高七米之多，白塔以塔台、塔基、须弥座、塔瓶、相轮以及日月组成。作为塔底部分的塔台为正方形，边长为6米，高为1米多。塔台之上的塔基也呈正方形，其边长不足4米，塔基高约1.6米。塔基之上为逐渐内收的五层须弥座，表示了须弥山顶的善见城是帝释天的住所，是三十三天之首。须弥座上方的塔瓶，象征佛、菩萨的驻锡之所。塔瓶正南面有龛门，也叫“佛眼”，佛通过“佛眼”善见和洞察大千世界的六道众生。塔瓶之上为相轮，以十三环节组成，它代表十三天或多层次的修行阶段。顶部为仰月和日盘，它象征着无限光明或无量光，是为日月同辉。

梅力更召的一对佛塔，并不是佛、菩萨或喇嘛的“舍利塔”，而是供佛藏经之塔。但是，塔底的装藏具有较严格的规定，其内必须有梵文或藏文经咒、药物、珍宝、甘露、香料、五谷，旃檀、桧、柏等木条。其梵文或藏文经咒，足以代表法舍利。因此，这对白塔具有“舍利塔”的功用。

# 高原圣地乌审召大白塔

当我们的旅游车前往美丽辽阔的鄂尔多斯草原，缓缓路过令人肃然起敬的成陵圣地伊金霍洛，再往南行驶不久，便进入沙碛漫漫的毛乌素沙漠腹地。这里就是著名的乌审召及其古塔所在地乌审旗，也是中外考古学界所共认的中华民族发祥地之一，是我国古代灿烂文化的摇篮。

观看乌审召的古塔之前，不妨给大家先介绍一点乌审旗的文化古迹和有关历史故事，以便消除旅途疲劳，提高大家的游览兴趣和了解有关知识。

没来过乌审旗的游客，谁也不曾想过如此弹丸之地，不毛之沙碛，居然成为中华民族发祥地之一，是我国古代灿烂文化的摇篮，真是不可思议。但是它也并不奇怪，这是大自然的造化，是乌审旗大地得天独厚的福分。乌审旗境内有一条萨拉乌素河，横穿其南部，河谷弯曲渊深。远古之时，这里气候湿热、植被繁盛，森林茂密，河流纵横，它曾是我国著名的古人类“河套人”繁衍生息的故乡。

几十年来，科学工作者在萨拉乌素河一带先后发现的“河套人”化石有 19 件，有顶骨、前额骨、颞骨、下颌骨、肩胛骨、肱骨、股骨、腓骨等。在较短的时间里发现如此丰富的古人类化石，在我国或在世界其他国家都十分罕见。

萨拉乌素河不但以“河套人”的故乡闻名于世界，而且其河畔的白城子为东晋十六国时匈奴政权大夏的都城——统万城遗址。

公元 4 世纪，从南匈奴演变而生的铁弗部落，为了躲避战乱，放弃了山西北部牧地，西渡黄河进入河套地区（今鄂尔多斯高原），势力逐渐壮大。至公元 374 年时，铁弗部落首领刘卫辰几乎完全控制了河套全境。可是好景不长，公元 391 年，铁弗部被北魏击败，部落四散，牧地尽失。公元 407 年，铁弗匈奴刘卫辰的儿子赫连勃勃召集失散的部众，建立政权，自称大夏天王，在萨拉乌素河畔（乌审旗）建立了夏国。公元 413 年修成都城统万城。

公元 425 年，赫连勃勃死后，其子赫连昌继位，但是赫连氏兄弟间争位，国中大乱，削弱了夏国的势力。北魏太武帝拓跋焘得知夏国内乱，决定趁机攻打夏国。公元 426 年，拓跋焘率领魏军攻至国都统万城下。赫连昌还不知兵临城下，宫中大摆宴席，饮酒作乐。当魏军攻城时，惊惶之中，赫连昌出城应战，败退入城里，连城门都来不及关闭，魏军乘胜攻至西宫。此时，赫连昌的大批援军赶到，太武帝拓跋焘不敢冒险恋战，退出统万城，收军班师。公元 427 年，北魏组织强大的兵力攻下统万城，赫连昌突围出逃，不久被魏军俘获，大夏国灭亡。从此，统万城成为北魏统治下的夏州之州治所在地，从北魏始，经隋、唐、宋、辽、西夏，该地一直被称为夏州。

元朝时期，萨拉乌素河畔的这座著名的古都统万城却变成了元代设置的察罕脑儿宣慰使司都元帅府。1262 年，元世祖忽必烈始设陕西四川行省，省治为京兆（今西安市）。1272 年，忽必烈封其第三子忙哥剌为安西王，驻扎京兆，统辖河西、吐蕃、四川等诸处。忙哥剌将所辖蒙古四千户驻牧于古统万城北边的察罕脑儿（今乌审旗巴图湾水库），萨拉乌素河流城和依克沙巴尔一带。次年，忙哥剌被封为秦王，位高权重，于是他下令抽调民夫工匠万人，在察罕脑儿大兴土木，修建了规模宏大的行宫。新建成的华丽行宫，忙哥剌王未能享受几年，于 1278 年去世。1280 年其子阿难答被封为安西王。为了同世祖忽必烈的行宫所在地察罕脑儿区别（在多伦诺尔西南）开来，安西王的察罕脑儿当时又称为“阿难答察罕脑儿”。安西王阿难答统辖河西（陕西、吐蕃、四川、河西），拥兵十五万，其影响非常引人注目。

1307 年正月，元成宗铁穆耳（完泽笃汗）去世，因皇太子早死，无子继承。于是皇后卜鲁罕与左丞相阿忽台等人相勾结，谋立安西王阿难答为帝，并定于三月三日采取行动。其实，得知成宗铁穆耳病重，安西王阿难答早已赶到大都，暗中积极参与了卜鲁罕皇后和阿忽台的密谋活动。可是右丞相哈剌哈孙等很多蒙汉官员，不愿支持信奉伊斯兰教的阿难答，而支持信奉喇嘛教的答剌麻八剌（真金儿子）的两个儿子海山和爱育黎拔力八达。海山自 1299 年领兵与海都作战，多立战功，被封为怀宁王，这时驻戍阿尔泰山，镇守北边。于是，右丞相哈剌哈孙密遣使臣至阿尔泰军营，把他拥立的计划告诉了海山，同时将南方的爱育黎拔力八达（海山之第）及其母弘吉剌氏答吉（已故答剌麻八剌之妃）叫来大都。

1307 年 2 月，爱育黎拔力八达及母答吉妃到达大都，与哈剌哈孙等人合谋，不等海山大军至，先行举事。三月二日，爱育黎拔力八达率卫士入宫，诱执阿难答，斩杀了左丞相阿忽台等谋臣。是年五月，海山领兵到达元上都，爱育黎拔力八达随母来迎。蒙古诸王在上都集会，决议废卜鲁罕皇后，赐死，并押解阿难答、明里铁市儿等到上都处死。会议推举海山在上都继位为武宗皇帝。武宗海山把安西王的察罕脑儿属民赐给其弟爱育黎拔力八达。1310 年，在察罕脑儿正式设置了宣慰使司都元帅府，是全国八个宣慰使司都元帅府之一。1367 年，元朝行将灭亡之时，曾在察罕脑儿、依克沙巴尔一带设行枢密院，准备对新兴的明朝作最后抵抗。

1368 年，明朝建立以后，蒙古诸部退居长城以北地区。达延汗时期，蒙古诸部重新得以统一。达延汗把整个蒙古地区重新划分为左翼三万户和右翼三万户，鄂尔多斯是右翼三万户之一。巴尔斯博罗特和衮必里克父子任济农的时代，鄂尔多斯部在全蒙古的地位举足轻重，十分突出。该万户的疆域不仅包括鄂尔多斯高原，而且也包括贺兰山以西、甘肃河西走廊以北的广大地区。衮必里克济农共有四位夫人，其蒙郭勒津夫人阿勒坦绰赛音所生的诺市塔尔尼台吉的领地为右翼伯速特、兀慎（乌审）二鄂拓克，其牧地位于鄂尔多斯南部，靠近边墙的榆林、清平堡和定边营。诺市塔尔尼有四子，其长子为库图克台彻辰洪台吉，是一位笃信佛教的文武双全的杰出人物。他经常落帐驻牧于萨拉乌素河北岸的依克沙巴尔和陶利一带。

1585 年，三世达赖索南嘉措应土默特僧格都棱汗的邀请，从塔尔寺启程，经陕西古道边墙，到达了萨拉乌素北岸的依克沙巴尔之地，驻锡于库图克图彻辰洪台吉为他特设的大帐篷内。三世达赖索南嘉措自从在察卜恰勒（仰华寺）与库图克台彻辰洪台吉接触以后认识到，库图克台彻辰洪台吉是具有卓越能力和智慧的善知识（悟道之人），因此，很喜欢库图克台彻辰洪台吉。正因为这样，三世达赖索南嘉措在依克沙巴尔的茫如克河畔为他准备的大帐篷内逗留了三个月。在此期间，他接受了来自蒙古各部首领们的供养和布施，并给予“摩顶”和加持，同时调解了诸鄂托克之间的纠纷和争端。离开依克沙巴尔、前往呼和浩特之前，三世达赖索南嘉措特意为库图克台彻辰洪台吉及其夫人陶丽干朱拉予以“灌顶”，并为其所供的护法神（战神）施予开光和加持。

1587 年，库图克彻辰洪台吉去世，其长子鄂勒哲伊勒都齐达尔罕巴图尔继承彻辰洪台吉号后，不到两年（1589 年）就病死。他的儿子巴图台吉从小非常勇敢，继承了彻辰洪台吉之号。1602 年，将四世达赖云丹嘉措送往拉萨“坐床”时，巴图彻辰洪台吉参加了护送队伍，不幸病逝于途中。1604 年，他的儿子萨囊台吉继承为彻辰洪台吉。萨囊彻辰洪台吉自幼聪明过人，受过良好的教育，精通蒙、藏、满、汉等多种语言。他是蒙古族著名的历史学家，所著《蒙古源流》是历史价值极高的经典文献。在鄂尔多斯众台吉之中，他是最有学问和头脑的人，其牧地在乌审旗萨拉乌素北岸的依克沙巴尔。

1632 年 2 月，蒙古察哈尔林丹汗迫于新兴满族统治者强大的军事压力，将察哈尔举部迁至呼和浩特。皇太极召集新归顺的东部蒙古诸部，组织十万兵力远征察哈尔。到达呼和浩特，得知林丹大汗南渡黄河，5 月皇太极停止追击，班师东返。林丹汗渡河到达额磷沁济农（博硕克图济农之子）驻牧地。额磷沁济农不顾全蒙古大局，未经林丹大汗准许，在萨囊彻辰洪台吉主持下，自作主张，擅自称汗。对此林丹大汗表示极为不满，于是罢免了额磷沁的济农号，夺取了他美丽的哈屯。

林丹汗在成吉思汗陵前举行庄严的仪式，宣称自己为全蒙古的“林丹巴图鲁汗”。遂带领察哈尔、鄂尔多斯部众，移动成吉思汗之陵，经兀填（乌审）鄂托克境内的陶利，依克沙巴尔，南过陕西边墙，到达祁连山北麓的大草滩落帐驻牧。此地为昔日蒙古阔端王的领地皇城滩，水草丰美，黄花盛开满山遍野，故称之为沙尔塔拉。但是，鄂尔多斯部及其额磷沁济农等被察哈尔势力所裹挟，很不情愿地来到沙尔塔拉，经萨囊彻辰洪台吉策动和劝说，额磷沁济农召集鄂尔多斯诸鄂托克于1634年5月3日决然离开大草滩，高兴地回到了各自的牧地。

1634年底，林丹大汗患天花，病逝于大草滩。林丹汗的“八大福晋”及其子额尔克洪果尔额哲等不愿在大草滩继续驻牧，于是1635年春，林丹汗大福晋苏泰太后和额哲等统领察哈尔部返回鄂尔多斯南部的毛乌素沙漠腹地陶利（乌审依克沙巴尔之地）。与额磷沁济农和萨囊彻辰洪台吉取得了联系，讨论和研究了眼前的局势，都表示不能向皇太极归顺称臣。为此，察哈尔额哲及众宰桑与额磷沁和萨囊彻辰洪台吉进行了设坛盟誓。

不久，皇太极从察哈尔降人获悉，林丹子额哲拥众藏匿于毛乌素沙漠之陶利（今乌审旗陶利苏市）地方。1635年2月，皇太极命多尔衮、岳托、豪格等领兵一万，前往鄂尔多斯陶利，寻收林丹汗子额哲。4月20日，多尔衮大军造船西渡黄河，行军八天，4月28日晨抵达毛乌素沙漠腹地陶利。天雾昏暗，为了不惊动其部众，多尔衮命全军按兵不动。遣叶赫贝勒锦台什之孙南楚（其父为锦台什子德勒格尔）及其同族阿什达尔汉同往，令南楚见其姐苏泰福晋（德勒格尔之女）子额哲，并告诉他们大军奉命前来招抚，秋毫不犯。南楚和阿什达尔汉等驰至苏泰福晋帐宫，告诉她叶赫部来人拜见。苏泰福晋喜出望外，跑出去帐宫，却认出其弟南楚，悲喜交加抱头痛哭，遂令其子额哲率众宰桑去迎接诸贝勒和大军。额哲与多尔衮以礼相见，彼此设宴答谢。苏泰福晋和额哲等认识到大势所趋，身不由己，除了归顺，别无出路。于是，带领其察哈尔部众与大军同往盛京。

不久，以额磷沁济农为首的鄂尔多斯诸台吉也归顺了大清。1649年和1650年，为鄂尔多斯诸台吉封爵授札萨克时，唯独萨囊彻辰洪台吉并没有接受札萨克和爵禄。这位著名的历史学家，精通佛学、看破红尘，并始终恪守不向满族皇帝称臣效力的盟誓，把自己应该得到的札萨克（乌审旗）和贝子之爵，让给了堂弟额磷沁。他自己博览群书，著书拜佛，淡泊名利，活到康熙年间，高寿而终。

由于三世达赖索南嘉措驻锡弘法依克沙巴尔以及萨囊彻辰洪台吉的影响所致，笃信佛教、出家为僧、烧香拜佛等活动，成了乌审旗牧民精神生活的主流。尤其能够兴建寺庙，修造佛塔是当地人引以为豪的时尚和功德。因此，清朝中叶至民国年间，乌审旗各地所修建的藏式或汉藏风格的金碧辉煌的大小寺院共有 42 座，遍布各地的佛塔（白塔）共有 203 座，真可谓塔林的世界，浮屠的圣地。其中乌审召的扎荣嘎舒尔佛塔和大白塔是塔林中的佼佼者，是两座塔王。乌审召是鄂尔多斯众多寺庙之中颇有影响的几大寺院之一，其扎荣嘎舒尔佛塔和大白塔的修建，更加提高了乌审召的知名度。

1934 年，九世班禅经包头来到了杭锦旗，整个鄂尔多斯以会盟仪式迎接，其行辕设在王府。乌审旗的达官贵人们前往杭锦旗叩头布施时，希望班禅大师为乌审旗的众生予以吉祥祝福，班禅大师说："你们乌审旗若能修建一座扎荣嘎舒尔塔，那就好啦。"乌审旗的台吉、头面人物和活佛们商议和研究后，决定将扎荣嘎舒尔塔修筑于乌审召。于是，由乌审召最有学问的嘎布楚·衮楚克普日来喇嘛作为特使，前往尼泊尔曲达克·纳木楚穆之地，完整地绘制了扎荣嘎舒尔塔，顺利返回乌审旗。接着，完全参照扎荣嘎舒尔塔形，开始动工兴建。

扎荣嘎舒尔塔形与我国内地以及辽金时代的佛塔不同，也不同于西藏覆钵式佛塔。塔体通高 15 米，塔基呈正方形，边长为 15 米，高 3 米。塔基以上部分，如同重叠的曼达，呈须弥山形，保持了古印度佛塔的造型。动工之时，将塔基以上的部分，用木头作造型以后，再用黄铜、红铜和银片加以塑造和装点。为此，旗衙门特意颁布告示，令阶属各地收集黄铜、红铜，送至乌审召，为修塔所用。同时，从汉地雇来很多铜匠、银匠，耗资三十万银元，为时两年，修建了扎荣嘎舒尔佛塔（1942 ~ 1946 年）。当时，这种造型的佛塔，全世界只有三座。

1969 年，在"文化大革命"中，世界著名的乌审召扎荣嘎舒尔佛塔也未能逃脱厄运，被毁于"革命群众"之手。可是，乌审召的另一座覆钵式大白塔却幸免于难，得以保存至今，可喜、可贺。

在清朝乾隆年间，乌审旗札萨克固山贝子喇什色稷父子，运来大量木料，大兴土木，修建了宽 15 米，长 18 米的富丽堂皇的两层“大雄宝殿”，并且，从塔尔寺请来了从事多年密宗修行的阿旺·楚勒图木喇嘛，让他住持乌审召。但是，喇什色稷之子沙克都尔扎布台吉，总觉得美中不足，功德尚未圆满，于是决定修建一座大白塔，对乌审召加以完善和充实。由阿旺·楚勒图木喇嘛具体负责了修建工程。

新落成的秀美壮观的覆钵式大白塔，塔体通高为十多米，塔基呈正方形，边长为 4 米，高约 2 米。塔基之上为五层逐渐内收的须弥座，它代表须弥山，汉语为“妙高峰”，须弥山之顶的善见城是帝释天的居住之所。须弥座之上为覆钵式塔瓶，塔瓶代表善见城，塔瓶正南面为龛门，也叫“佛眼”，其塔瓶之上为十三相轮，象征十三天，也称为修成正果的十三阶段。顶部为日月盘。

乌审召大白塔

# 神乎其神的阿拉善南寺塔

凡是想要到内蒙古旅游的国内外众多游客，都怀着浓厚的兴趣和激动不已的心情，想要尽情地观赏塞外秀美的山川、诱人的草原风光和独特的名胜古迹。

他们当中的很多人，怀着特殊的兴趣，千里迢迢来到内蒙古，有意寻找那些大山深处的古刹禅林和鲜为人知的神秘的佛塔，以领略蒙古地区藏传佛教博大精深的内涵，或者感悟其中的玄妙，以求心灵的满足。那些善于察言观色的导游们肯定会告诉您：“先生、小姐，如果您对佛教感兴趣，请您无论如何去阿拉善的贺兰山南寺，那里有座非同寻常的神秘佛塔，那就是西藏六世达赖喇嘛仓央嘉措的肉身佛塔。如果不去的话，就等于擦肩而过，会留下很多遗憾。”

穿越巍峨的贺兰山，到达阿拉善后，南寺沟是通往南寺（广宗寺）的必经之路。南寺沟作为南寺门户，风景如画、景色迷人。沟底路旁，花木丛生，泉水潺潺；沟底两侧，延伸数公里的悬崖绝壁上镌刻的众多大小佛像，精巧别致、千姿百态、栩栩如生。游客们不由自主地被南寺沟的自然景色和精美的佛像所陶醉。正当惊叹之时，群山环抱、青松翠柏之中突现的南寺建筑群，显得金碧辉煌、流金飞彩、气象万千。当慕名而来的游客们正兴致勃勃地下车之时，导游特意指向黄楼寺右侧庄严肃穆的白塔，告诉人们：“那就是六世达赖仓央嘉措的舍利塔。”

矗立于南寺建筑群中的这座覆钵式白塔，犹如南寺不朽的灵魂和象征，格外引人注目。该塔由塔台、塔座、塔瓶和塔刹等部分组成。塔体通高12米，以紫色大理石修筑的塔台呈正方形，边长4米，高2米。其塔座的上方和下方都由逐渐内收的数层阶梯组成，中部有狮子和金刚杵等图案。塔座之上为五层内收的须弥座，须弥座的上方为覆钵式塔瓶。它象征着帝释天所住的“善见城”，塔瓶的正南面有龛门，也称佛眼，其龛门内供着六世达赖仓央嘉措的画像。塔瓶上方为塔刹部分，由十三相轮、宝伞、日月盘组成。

阿拉善南寺佛塔

历史上的六世达赖仓央嘉措是佛教界和蒙藏人民极其敬仰的传奇式的高僧和天才诗人。他的后半生以阿拉善为基地，奔走于内外蒙古乃至安多地区，讲经布教、弘法利生，留下了种种神奇的传说和不灭的足迹。最后，圆寂于阿拉善。这是一部真实、曲折、神奇而精彩的历史故事。要了解此事，应从清朝康熙末年的西藏局势说起。

清康熙二十一年（1682 年），西藏的五世达赖罗桑嘉措在拉萨悄然圆寂。当时，统治西藏的和硕特蒙古部与第巴·桑杰为首的宗教上层之间，围绕着权力问题，其关系正在发生微妙的变化。作为五世达赖心传弟子的第巴·桑杰，考虑到西藏内外局势及和硕特蒙古的敏感关系，极其严密地封锁了五世达赖圆寂的消息，并将其“秘葬”于布达拉宫内。他对和硕特蒙古部和康熙皇帝宣称：五世达赖正在长期闭关“修定”，不宜受外界所干扰。与此同时，他瞒着和硕特部拉藏汗，秘密派人去山南门巴地方，找到了达赖喇嘛的“转世”灵童仓央嘉措。此时，第巴·桑杰与和硕特部拉藏汗之间的权力斗争已逐渐激化。第巴·桑杰想方设法去削弱拉藏汗的统治地位，并将和硕特部赶出西藏。甚至不择手段地拉拢和利用拉藏汗府内侍人，在其食物中放进毒药，以毒死拉藏汗。拉藏汗查知此事系第巴·桑杰所为，于是他们之间的矛盾最终演变成了武装冲突。

康熙四十四年（1705 年），愤怒的拉藏汗不顾拉萨三大寺活佛们的出面调解，召集和硕特蒙古兵，攻打了第巴·桑杰。第巴·桑杰不敌，只好逃到拉萨之西堆隆地方避难。拉藏汗的夫人次仁扎西却不顾众人的劝阻，执意领兵追至堆隆，杀害了第巴·桑杰。第巴·桑杰之死，使六世达赖仓央嘉措的命运发生了根本变化。虽说此时这位极其英俊、智慧过人的年轻达赖，已被培养成为非常杰出的高僧，但是，仍未逃脱拉藏汗的迫害。

拉藏汗杀害第巴·桑杰后，罗织了种种莫须有的罪名，并派人去北京向康熙皇帝告发了第巴·桑杰的所谓“谋叛”之事。同时，不择手段地捏造卑劣之词，诬告仓央嘉措，称他不是达赖喇嘛的“转世”灵童；平日耽于酒色，不守清规，有时深更半夜从布达拉宫下来，与情人秘密幽会，情节如此严重，请皇上予以“废立”。

拉藏汗的诬告果真起了作用，不久，康熙皇帝派人前往拉萨，令拘“假达赖喇嘛”赴京。“废黜”六世达赖喇嘛并拘往北京一事，在西藏宗教界引起很大震动，尤其三大寺的众僧们表示了强烈不满。康熙四十五年（1706 年），拉藏汗不顾西藏僧俗大众的强烈反对，竟派兵押送六世达赖准备出城。三大寺的众僧云集布达拉宫前哭喊阻拦，准备与和硕特蒙古兵决一死战。六世达赖仓央嘉措力劝众僧：“徒弟们不必阻拦对抗，我们师徒会很快见面的。”说罢将手中的哈达抛向空中，其哈达飘然腾空游动，悠然飘落于布达拉宫之顶。众僧挥泪告别了六世达赖，合掌祈祷其最高活佛早日平安归来。

解送队伍行至青海的贡噶湖地方落帐驻宿。早已准备逃走的六世达赖，待夜深人静，趁人不备，悄然消失于茫茫夜色之中。第二天，“护送”达赖的使臣们得知，达赖喇嘛不辞而遁，令使臣们不知所措，不知如何向皇上交待，于是编造奏词，谎报仓央嘉措途中病逝。六世达赖仓央嘉措顺利逃脱之后，脱掉了所穿的过分鲜艳的绫罗绸缎，扮成云游僧，化名为阿旺曲扎嘉措，所到之处乞吃苦行，经青海果洛和阿里克，走进了康巴地区（四川甘孜）。游历了峨眉山、理塘和巴塘等处的名胜古刹及草原牧区，体察了众生的生、老、病、死之苦和红尘的无常。悲切之际，不由自主地想起了自己受封坐床的布达拉宫和三大寺虔诚的众喇嘛。于是，离开喀市西行，爬山涉水，匿名潜行走到了拉萨。

可是布达拉宫的神圣宝座早已换了新主人，他就是拉藏汗请来的伊西嘉措喇嘛。六世达赖以云游僧的扮相，小心翼翼地朝拜了大昭、哲蚌、色拉等寺院，虽有留恋之情，但是自知不宜久留，于是收拾行囊，赶往宗喀巴大师的道场甘丹寺。六世达赖觉得这座甘丹寺绝非寻常之地，理应抓住机遇，进行一次“闭关”修行。

正在此时，甘丹寺附近有座寺院的一位喇嘛无意中认出了仓央嘉措，对他十分崇敬。于是，瞒着周围众人，将仓央嘉措请至自己的楼上驻锡，并提供了一切方便，让他深居简出，安心“闭关”了一年，其成果不凡。六世达赖怀着“出禅”的喜悦，感激和告别了那位喇嘛，在前行东南的途中，顺路朝拜了桑耶寺、桑里和琼科尔结等禅林圣地，来到了泽里山。

真可谓无巧不成书，在泽里山仓央嘉措巧遇噶举派高人图布多马布上师，有幸领教了“拙火定”及“那饶六法”等修法。在泽里的山洞里，他身穿单衣，绝食辟谷，潜心修行数月之后，其修持得以升华，脐轮灼热异常，肚脐冒火，“拙火定”大法修为有成。尽管修炼日益精进，六世达赖并未止步满足，他从泽里山转移到沃嘎雪山之著名的宗喀巴修行洞。在此山洞里，六世达赖坐禅入定十一个月，体验了种种玄妙而神奇的境界，使他获得了无碍的神通和惊人的法术。

1711 年 7 月，他离开沃嘎雪山，来到桑里县一带的萨木坦林寺。其奇异的神迹，不慎让拉藏汗的密探察觉，拘往拉萨的途中，又超然遁走。六世达赖感到自己已被察觉，若不远走他乡会有生命危险。于是，他边赶路、边修行，走到恭布地方的草原牧区。有一家养了两条凶猛的藏獒，看见六世达赖，便跑过来从两侧进攻，咬伤了他。手无防身武器的达赖喇嘛只好躬身抓一把土，挥手扔过去，两条藏獒顿然倒地猝死。其主人得知被咬伤的喇嘛手无寸铁，竟然用一把土，弄死了两条凶猛的藏獒，好生奇怪。在场的有一个叫罗扎的年轻人看出，该喇嘛决非等闲之辈，他极虔诚地将六世达赖请到自己的住所，帮助包扎了伤口，让喇嘛安心驻锡月余，其伤痊愈。

1712 年，六世达赖决心去印度朝拜佛祖诞生之地。他与罗扎经自己的家乡门隅，走到尼泊尔。正好尼泊尔国王也要去印度，于是，与尼泊尔国王一路同行，也接受了该国王的金银布施。1713 年 4 月，到达佛教圣地灵柩山，进行朝拜之后，借舍驻锡，就地修行了六个月。他深有感触地说：在佛教圣地修行一天，却胜过西藏的一年修持。因此，来印度不久，其内在功力得以空前升华，举止轻捷、行走如飞。就其行路而言，别人走过的七天路程，他不用一天时间就能够轻易地到达。在印度的两年时间里，他周游各地，朝拜名胜与修行相结合，令他法喜充满，心情愉快。同时，也学会了印度语，与人交谈，能够对答如流。

1714 年，六世达赖经尼泊尔之境，回到西藏。当路过自己的家乡门隅之时，不由自主地想起了被害的恩人第巴·桑杰。由于与第巴·桑杰的因缘未解，便作出决定，赶到加查县的“拉姆”神湖，观察其究竟。他与罗扎到达“拉姆”湖畔，面对奇异的神湖，追踪观察了第巴·桑杰的转世走向，看到了湖中所显现的阿拉善的清晰地形及草原蒙古包主人等特征，使他心中明白了一切。

1716 年，六世达赖及其十几名弟子，直奔东北方向，经青海来到天祝县石门寺。当石门寺的众僧得知这位相貌英俊、修为高深的青年喇嘛便是六世达赖仓央嘉措时，如同从轮回的苦海之中得以解脱，全寺上下欣喜若狂、五体投地、顶礼膜拜。其消息不胫而走，安多（青海）地方的活佛们先后闻讯赶到石门寺，极其虔诚地躬身跪拜，邀请六世达赖为其寺住持堪布，正因为如此，六世达赖曾当过安多地区之石门寺、妙因寺、宣化寺等十三寺院的住持堪布。

六世达赖在石门寺为中心的广大藏区，讲经弘法，为时一年，满足了众生寻求解脱的渴望。于1716年末，领其十几名心传弟子，骑白骏马来到阿拉善时，受到当地台吉班子尔扎布的虔诚供养。在该台吉家驻锡安歇时，因缘巧合之故，听见其婴儿的哭啼声，当认出其是第巴·桑杰的“转世”灵童时，其惊喜之情难以言表。遂叫来班子尔扎布台吉夫妇，向他们悄悄说明其婴儿的“转世”来历，令他们务必好生护养，不得令外人得知其秘。

1717年春，六世达赖应邀至阿拉善王府衙门的拉尔吉参领（扎兰）家念经作法时，其不凡的神迹令阿宝亲王所知，将六世达赖请至王府，格外信崇，供养有加。唯独福晋哈屯多禅公主面露轻慢，出言不逊地称：“人们都说那些过路投宿、托钵乞讨的游僧为好喇嘛，这些真让我难以信服。”说罢，福晋有意吩咐下人，用没有底座的大碗，盛满滚烫的奶茶，敬给六世达赖。达赖喇嘛毫无为难之色，从怀里拿出玛尼念珠，盘绕数圈，往空中一抛，其念珠竟然停留在半空之中。六世达赖将茶碗放在那空中盘绕的念珠之上，待到茶凉之后端过来喝了。然后，在众目睽睽之下，把碗放在手心，好似和面一样，揉做一团，抛向空中，待接过来时，碗便恢复了原样。福晋看罢达赖喇嘛神奇的法术，大惊失色，向前抱住六世达赖的脚哭道：“你才是真正的活佛啊！”见多禅公主和阿宝亲王如此诚心，六世达赖将自己劫后余生的经历说出之后，王府上下无不惊喜万分，敬仰有加。尤其是多禅公主不但成了六世达赖最虔诚的施主，而且身为康熙皇帝的女儿，决心进京，向父皇奏告六世达赖的不白之冤。

1717年秋，多禅公主与六世达赖进京。据说，这位大义执言的公主进京之后，向其父皇面奏了六世达赖的不白之冤。为此，康熙皇帝也召见了六世达赖并知道了事实真相。当时，伊喜嘉措坐床已成定局，若有意改变其现状，不但对西藏政局造成混乱，而且对朝政也带来很多不便。不管怎样，允许让六世达赖奔走于蒙古各地及安多地区自由弘法的事实，足以证明，朝廷对他的认可和支持。

不久，与康熙皇帝关系极为密切的外蒙古哲布尊丹巴呼图克图也得知六世达赖的本来面目后，极为兴奋，便派遣印度来的僧人阿策拉来阿拉善。表示：自己年事已高，诸事力不从心，希望日后有个理想的高僧来外蒙古，替他主持黄教，这个人非你喇嘛莫属。六世达赖以好言安慰，婉言谢绝了盛情。与阿策拉的整个谈话，六世达赖都是用古印度语交流的，听者无不啧啧称奇，连阿策拉本人也感到十分惊讶。

当哲布尊丹巴圆寂时，六世达赖特意赶到大库伦，为其进行了一系列念经作法等活动。而后到喀尔喀车臣汗部、鄂尔多斯六札萨克等处进行了佛事活动。那个第巴·桑杰的“转世”灵童阿旺多尔济长大以后，六世达赖收其为徒弟，受戒赐法号。

1746 年，誉满蒙古和安多地区的杰出高僧六世达赖圆寂。阿旺多尔济将其师父的肉身以能够保存的方法处理后，在自己出资修建的阿拉善南寺筑造了一座白塔，将六世达赖的肉身安供于其内，这就是人们瞻仰的白塔。

## 阿拉善贺兰山福因寺塔

塞外内蒙古阿拉善是闻名遐迩的腾格里大漠之乡。浩瀚无际的腾格里大漠，处处显得沙海茫茫、神秘莫测，令人神往。大漠深处的那些令人难以寻觅的神奇绿洲、人迹罕至的漠中甘泉、奇特多变的自然现象和别具特色的禅林古塔等为阿拉善增添了种种神秘的色彩。如此诸多奇观之中，阿拉善福因寺的白塔最富于传奇色彩，令人百思不解其奇。

历史传说中的“济公和尚”是老少皆知的可爱的怪和尚。可是，很多人不曾想到，这位疯疯癫癫、讨人喜欢的和尚，不知多少年后，却看中了遥远的内蒙古，特意脱胎转世为阿拉善福因寺的道布藏活佛。“济公”转世后，依然保留其超人的智慧和幽默等特殊“基因”。道布藏平素行为古怪、言谈不凡，终于被八世达赖强白嘉措所发现，确认他为“济公”的转世，并赐号为“济癫葛根”。前些年，杭州市的部分学者和教授饶有兴趣地来到阿拉善福因寺，特意瞻仰并研究了“济癫葛根”的舍利塔，受益良多。

那些初到阿拉善，慕名瞻仰福因寺佛塔的游客们，可能会惊愕地发现，福因寺山沟的天然美景，不是江南胜似江南。江南一带常常出现的悬崖凌峰、翠柏青松、清泉溪流、鸟语花香等美妙奇景，在福因寺山沟比比皆是，真可谓大漠之奇、大自然的造化、造物主的赋予。

在福因寺西边的小山上屹立的那座白塔便是我们所说的“济癫

阿拉善福因寺佛塔

葛根”的舍利塔。该塔通高约 8 米，由塔台、塔基、塔瓶、塔刹等组成。塔台为正方形，边长为 4 米，高 1.5 米。塔台之上的塔基也呈正方形，其边长为 3 米、高约 2 米，塔基由逐渐内收的五层阶梯组成。其上方为须弥座，须弥座之上为覆钵式的塔瓶，须弥座与塔瓶高约 2 米多。

塔瓶正南面的佛光眼，也称龛门，内供活佛的骨灰。塔瓶之上为十三相轮，相轮的上方为宝伞及日月盘。这座白塔是代表一代卓越高僧的艰难修为和弘法的里程，也是福因寺及其众僧引以自豪和共勉的精神支柱。

18 世纪 60 年代末，阿拉善王府衙门热情接待一位来自青海道布藏寺的道布藏葛根。这位离寺自在、结伙经商、贩马为生的怪僧，脑筋机灵、能言善辩，其幽默诙谐的言谈令人忍不住捧腹大笑，连阿拉善亲王罗桑多尔济也对该僧有了好感。聪明过人的道布藏葛根也不失良机，将自己贩得的一匹良马献给了罗桑多尔济亲王，并表示自己年事已高、不宜贩马经商，想求得一处清静安身之地，以终天年。阿拉善亲王为人甚为慈悲，满足了道布藏葛根的意愿，将其安置于阿拉善南寺（广宗寺）并吩咐寺主温都尔葛根要好生关照老僧。

不久，这位年迈体弱的老僧圆寂于阿拉善南寺。当晚，温都尔葛根就梦见道布藏喇嘛前去亲王府不但讨，还了马价，还当上了亲王罗桑多尔济的儿子。那天夜里，亲王福晋公主梦见怀里有白螺，一觉醒来浑身舒适异常，觉得此梦为吉祥之兆。不久，福晋自感身孕征兆，使罗桑王爷格外高兴，随即指示府内下人侍女，要时时保持佛堂、寝室、膳房及饮食之净洁，不得有脏污。1771 年，福晋哈屯生子后，南寺的温都尔葛根早有预测，认为该王子是道布藏葛根的转世，与佛有缘，出家为僧命也，并起名为罗桑丹必贡布。7 岁那年，将罗桑丹必贡布送到阿拉善南寺，为温都尔葛根的徒弟。

1780 年农历四月，奉诏进京的六世班禅大师及随从 2000 多人，行近阿拉善南境。罗桑多尔济亲王不敢怠慢，随即派遣协理台吉车伯格多尔济和温都尔葛根等，从甘肃边关三眼井之地，迎接了班禅大师及其随从。阿拉善亲王亲自到桑根达来的敖兰呼都格，设立了迎接班禅大师的重点驿站，搭起 300 多顶帐篷、准备了沿途所用的马 2000 匹、骆驼 6000 峰。班禅大师到达敖兰呼都格驻帐安歇，并对四面八方来的蒙藏牧民大众给予“摩顶”加持。阿拉善亲王叩见班禅大师时，也领来了罗桑丹必贡布。班禅大师称：“你儿子是道布藏葛根的转世。”

并传授了沙弥戒，赐法号为格勒克丕乐。小喇嘛格勒克丕乐自幼聪明过人，淘气顽皮，不好调教，但是感悟能力强，学经过目不忘。这使其经师温都尔葛根非常高兴，认为小喇嘛天资非凡，前途无量，应该去拉萨学习深造为好。

1789年，当19岁的格勒克丕乐动身前往西藏时，王府和衙门寺（延福寺）特意抽调4人，陪同小葛根去拉萨，以便照料他的日常生活和学习。在拉萨学经修法7年的过程中，这位出身高贵，胆识过人的格勒克丕乐喇嘛，不但博览经书，才学超人，而且变得越来越能言善辩，无拘无束，甚至敢于讥讽任何权贵。就连八世达赖喇嘛也觉得阿拉善亲王的这位喇嘛公子聪明古怪、来历不凡，于是认定他为“济公”的转世“济癫葛根”，并给予了“班智达”之号。

当格勒克丕乐回到阿拉善时，其兄旺沁巴拉巴尔亲王前去迎接他的四弟，并问他：“今后有何打算？”格勒克丕乐不假思索地称：“希望修建一座寺庙，以便弘扬佛法。”支持自己四弟的弘法事业，修筑寺庙，自然是阿拉善亲王的心愿。于是，在定远营城墙北边，着手修建了一座大雄宝殿，完成了寺院的主体工程。随后，从延福寺众僧里，准备挑选一批老实听话、持戒好学的喇嘛，去充实新建的寺院。格勒克丕乐则未采纳亲王的意见，他认为，那些过于老实庸碌之辈，只知死记经卷，不知如何感悟佛法，将来没有多大出息。其一席话使王爷多少有点尴尬。结果，他按自己的意图，从延福寺哲学部（参尼札仓）特意挑选了那些平时持戒不严、不守寺规、争强好斗的60名喇嘛为徒弟，开始进行了弘法布教事业。

不久，王爷曾多次看见一部分喇嘛时常串街游铺，无所事事，王爷就问旁边延福寺的喇嘛：“这些人是否你们延福寺的喇嘛？”他们却说：“这些都是王爷您四弟的那些顽徒们啊。”王爷心中不悦，回府后带点责备的口气对其四弟说：“你的弟子们或许缺乏应有的寺律僧规，若不严加指教，何以成为真正的僧人。”“济癫葛根”觉得他的王兄有意袒护自己衙门寺（延福寺）的僧侣，为此，也不置可否，就说：“今后见到那些串街游铺的闲散喇嘛，就务必给我抓来，由我来处理他们。”王爷为了警告其四弟，后来果真抓了几批人，其结果都是延福寺（衙门寺）的喇嘛所为，与“济癫葛根”的弟子们无关。对此，王爷自己好生奇怪，不知其四弟用何高招来约束他顽皮不法的弟子们。

有一天，“济癫葛根”对其王兄说：“我的弟子们久居靠城街边，势必为物欲所诱、闹市所染，不易安心学经，还不如找一清静风水之地，建寺学佛为好。”王爷听了甚为高兴，觉得他的四弟平时虽不拘小节，言辞带点奇谈怪论，使王爷有所尴尬，但是作为僧人还能大处着想，有点出息。于是，拨了银两，大兴土木，历时三年，在贺兰山西麓的白音高乐之地修建了福因寺。从而远离城池，王爷也不会以寻常的清规戒律来求全责备，也避免了与衙门寺之间所发生的说不清道不白的纠纷，给他王兄也减少了不必要的麻烦。

尽管这样，延福寺的喇嘛们对福因寺有所嫉妒，认为福因寺的喇嘛们倚仗“济癫葛根”的权势，为所欲为，无所作为。其实不然，从表面上看，福因寺的喇嘛们顽皮好动，寺规僧戒似乎不如其他寺院，但是他们各个聪明好学，悟性很高，学有所成，培养出了很多著名学者。其中，阿旺丹德尔和巴拉丹等人是拉仁巴最高学位获得者。从此，福因寺名声在外，成为学者的摇篮，成才的熔炉。

“济癫葛根”圆寂后，在福因寺西边的小山冈上修筑了白塔，将葛根的舍利放置于塔内。其弟子阿旺丹德尔死后，后人也给他修建了纪念塔。多少年来，当地蒙古人的子弟参加考试前，都到福因寺磕头，希望神灵帮助他们榜上有名。

## 老哈河南岸的须弥座白塔

地处老哈河南岸的奈曼旗，具有丰富多彩的历史文化和令人羡慕的独特的名胜古迹。其中保存完好的规模宏大、古香古色的奈曼郡王府和挺秀壮观的藏传覆钵式佛塔，特别引人注目。

多年来，前来奈曼旗参观游览的区内外游客络绎不绝。甚至，不少电影工作者，在拍摄宫廷的勾心斗角、飞檐走壁的武林豪杰、才子佳人的悲欢离合等影片镜头时，曾多次借助于奈曼郡王府的深宫幽院和这座别具特色的佛塔。

说到奈曼郡王、郡王府和喇嘛塔，必然会勾起一连串娓娓动听的历史故事，不妨先讲一段。

蒙古达延汗的长子为图鲁博罗特，著名的贝玛土谢图（纳密克之子）是图鲁博罗特的孙子。贝玛土谢图的长子岱青杜楞为敖汉部长，次子额森卫征诺颜为奈曼部长。在历史上，敖汉和奈曼均为强大的察哈尔八鄂托克成员，与察哈尔林丹汗关系密切。不久，额森卫征诺颜去世，其子衮楚克继任奈曼部长。当时，日益强大的后金满族统治者皇太极，充分利用林丹汗统治下蒙古汗国松散而各自为政的弱点，以威胁、拉拢等手段，分化、瓦解了漠南蒙古诸部，争取和征服了科尔沁部以及扎鲁特、巴林等内喀尔喀五部。

此时，向来糊涂而固执的衮楚克巴图尔台吉，却经不起皇太极的离间和利诱，离开林丹汗，举部归顺了后金政权。皇太极十分高兴，赐予“和硕齐”之号。1628 年，衮楚克台吉跟随皇太极的大军，又攻打察哈尔立功受奖，获得“达尔汉”之号。接着，衮楚克台吉率部参加了远征察哈尔林丹汗和攻打明朝锦州等战役，1636 年，被封为札萨克多罗达尔汉郡王。1653 年，奈曼札萨克郡王衮楚克去世，其长子巴达里和次子阿罕，以这样和那样的缘故，未能继承王位，第三子札木三却比较顺利地继承了札萨克郡王之位。崇德元年（1636 年），漠南蒙古诸部众札萨克在盛京受封时，察哈尔林丹汗之子额哲洪果尔也被封为亲王并受札萨克。将其部众安置于义州北边的孙岛和席尔哈等地，其牧地与奈曼旗相接壤。崇德六年（1641 年），和硕亲王额哲洪果尔不幸病故。1648 年，其弟阿布奈袭为和硕亲王。

阿布奈是林丹汗的遗腹子，是林丹汗八大福晋之一的囊囊大妃所生（1634 年）。阿布奈亲王对其先人的耻辱耿耿于怀，多年拒绝进京朝觐皇上，引起了朝廷的不满。1669 年，阿布奈亲王忘记了其妻马喀塔格格的提醒，到盛京时，无意中陷入清廷所设的圈套，被俘入狱。阿布奈有二子，长子布尔尼、次子罗布藏。被革职入狱后，其长子布尔尼承袭为和硕亲王并尚长史辛柱公主。和硕亲王布尔尼身材高大，素有胆识，清廷所予的显赫的王位、丰厚的俸禄，未能使他产生感恩之情，却使他产生了举事反清的想法。

此时，在察哈尔地区进行宗教活动的阿杂里喇嘛和僧格浑津等人也竭力鼓动布尔尼亲王和罗布藏台吉，要联络原察哈尔所属奈曼等部，举旗反清。亲王布尔尼听从了阿杂里喇嘛的建议，秘密派人与奈曼旗札萨克郡王扎木三进行联系，说明了情况并请他予以配合。向来与阿布奈及其子布尔尼关系密切的奈曼郡王札木三是位非常重感情、讲义气、敢为朋友两肋插刀的人，更何况布尔尼他们是昔日蒙古大汗的后裔。于是札木三郡王答应了举事之日，率领所部人马前去会师。

1675 年 3 月，奈曼郡王札木三和阿罕等率领本旗人马，与布尔尼和罗布藏会师后，数千人的队伍直奔张家口，准备与调驻宣府的察哈尔左翼四旗兵丁会师。4 月，布尔尼和札木三的队伍到达张家口东北的达禄之地，与抚远大将军鄂扎和副将军图海率领的清军相遇，双方展开了激战。布尔尼和札木三的联军几次组织兵力，进行英勇抵抗，都未能抵挡清军的连续进攻，死伤了很多人，也有一部分人投降了清军。布尔尼和札木三无法继续恋战，于是带领所剩人马退回到奈曼旗境内。在老哈河南岸的门楚克（现在的平安地乡）地方休息整顿之时，听说几路清军压境而来，布尔尼和奈曼郡王札木三等带领少数人马仓促北渡老哈河，遁入扎鲁特旗的贵勒苏台之地。

当时，科尔沁土谢图亲王沙津奉命率领五旗兵马，追至贵勒苏台，形成了包围之势。布尔尼之弟罗布藏台吉是土谢图亲王沙津的妹夫，于是，罗布藏台吉及其妻子特意来到亲王沙津的军营称：其兄布尔尼早已遁走，希望大王高抬贵手，网开一面，饶他一命。沙津说：先招来布尔尼方可饶命。罗布藏台吉回去后，与布尔尼一同遁走，沙津亲王率兵追及，将布尔尼和罗布藏射死。但是，民间传说称：罗布藏台吉到军营会见亲王沙津时，亲王斥退左右护卫侍从，特意会见了罗布藏，并给罗布藏台吉面授机宜，将兄弟二人化装成喇嘛，设法放走了布尔尼和罗布藏。从此，布尔尼和罗布藏身披红色袈裟，遁迹古刹禅林，云游五台山、拉卜楞等地。多少年后，三世章嘉·若必多杰居然会见了变成老喇嘛的兄弟二人。

参与举事的奈曼达尔罕郡王札木三自知闯了弥天大祸，便从扎鲁特境内自缚来到了抚远大将军鄂扎军营。康熙皇帝得知，札木三郡王自知罪重，束身自缚请罪，处以从宽免死，革去王爵，留口牲畜，令其自给。札木三兄巴达里（衮楚克长子）的长子鄂齐尔承袭了奈曼旗札萨克达尔罕郡王。

奈曼旗第十三任札萨克郡王为玛什巴图尔，原名拉布丹（十二任郡王萨嘎拉的次子），是笃信佛教的人。他先后把自己的三个儿子送到大沁、包日和硕等寺院当上了喇嘛。在他任札萨克期间，不但圆满地完成了规模宏大、工艺美观的奈曼王府的修建工作，而且不惜重金陆续建造了孟根庙（法成寺）、敖来海日嘎拉庙、胡拉斯台庙、乌力吉芒石庙和塔子庙（尚经寺）。在奈曼旗如此不同名称的大小寺庙共有２４座，其中大沁庙是奈曼旗的四大旧寺之一，是本旗第五任札萨克郡王班第出资建造于康熙年间。

本寺历代转世活佛的寻找和坐床等事宜，都是历任札萨克郡王经手完成的。其中，大沁庙第五代葛根的产生和确认多费周折，极不顺利。最后被请来的是敖斯尔喇嘛，年近40岁，不会念经，54岁圆寂。这件事引起札萨克郡王玛什巴图尔的注意，他决心札萨克和寺庙（大沁寺）配合，认真寻找第六代转世“呼毕勒罕”。在郡王玛什巴图尔的亲自参与和支持下，于苏鲁克旗（彰武县）境内找到了第六代葛根札木样曲德尔。1887年，将11岁的扎木样曲德尔迎至大沁庙“坐床”。

玛什巴图尔郡王发现他所请来的小活佛身体健康，聪明好学，若进一步加以培养，将来肯定会成为有名的活佛。于是，1890 年在札萨克郡王玛什巴图尔的支持下，由旗札萨克出资，让扎木样曲德尔坐轮船前往印度的加尔各答。他前后共用 18 年的时间，在印度和拉萨刻苦学习工巧明（五明学之一），掌握了建筑学的设计和施工等技术。20 世纪初，札木样曲德尔返回奈曼旗大沁寺时，已成为出色的建筑设计大师了。

当扎木样曲德尔返回大沁寺时，被“金丹道”所破坏的大沁寺早已面目全非，庙毁人散。作为本寺葛根和建筑艺术大师，扎木样曲德尔决心亲自动手设计、重建被破坏的大沁庙时，却别出心裁地作出决定，先修佛塔，后建其余佛堂神殿。于是，他亲自动手设计建筑图案，用两年的时间（1910 ~ 1912 年），修建了一座印度式佛塔，取名为“麦积塔”。全部结构采用石板、青砖和木料组合砌成，塔高 25 米，共分 4 层，塔内有螺旋式木梯可达顶部。人们从数十里之远就能够看见这座挺拔美观的佛塔。

奈曼经缘寺白塔

不久，在“麦积塔”北边不远处，扎布样曲德尔又以印度佛陀伽耶寺的形式，着手设计修建了五塔寺。全部塔体以青砖砌成，外部造型与呼和浩特五塔寺极为相似。可是，这两座美丽壮观的佛塔，50 年前在劫难逃，荡然无存。只有奈曼和硕庙的白塔，在多事的年月里，经大难而不倒，至今依然矗立在本旗章古台苏木所在地，受到了众多旅游者的关爱和欣赏。

位于章古台的和硕庙，曾取名为“经缘寺”，昔日规模宏大，香火旺盛，为奈曼旗四大佛寺之一。“经缘寺”原有藏传覆钵式喇嘛塔一座，建于清朝中叶。19 世纪 90 年代，奈曼、喀喇沁一带遭受“金丹道”之难时，和硕庙白塔被毁。“金丹道”之乱平息后，寺院财力不济，无力及时修复被毁白塔，但是，为了修复这座著名的白塔，奈曼旗四大寺院的喇嘛们几次聚议的结果，决定集体出资修建。建筑设计大师扎布样曲德尔又肩负了这项工程的设计和建造任务。1937 年，白塔修复工作竣工。白塔通高 12 米，塔基呈方形，长宽各为 6 米。塔基之上为逐渐内收的五层须弥座。须弥座上方为宽大的塔瓶，塔瓶东西南北都有龛门，也叫佛眼，内供着四尊佛像。塔瓶上部是代表十三天的塔刹相轮，塔顶为日月和圆光。

由此可见，这座庄重挺秀的白塔为供佛塔，是奈曼旗乃至通辽市引以自豪的重点名胜古迹和佛教文化景点。

## 开鲁县元代多门吉祥塔

在我们内蒙古境内，不但有巍峨壮观的辽金时代的佛塔，而且还有至今保存完好的元代古塔。位于开鲁县城东南角，那座遒健自然、雄伟挺秀的白色佛塔，便是元代阿失驸马所建，已有近七百年的历史。

众所周知，开鲁县并非自古有之。开鲁县治设于清光绪三十一年（1905 年）。设县治以前，开鲁的西北部为左右两翼扎鲁特的管辖地，其东部和东南部的大部分地方为科尔沁左翼中旗卓哩克图亲王乌克善及其后裔的世袭领地。

可是，将历史追溯到元代，此处为元朝宁昌路所管辖。宁昌路治所在地，设于库伦旗养息牧河上游。当时，宁昌路管辖范围包括今赤峰市的敖汉旗，通辽市的奈曼、开鲁、库伦、科左后旗及科左中旗南部地区。

元朝时期，宁昌路是蒙古亦乞列思部孛秃及其后裔所管辖的世袭领地。成吉思汗的蒙古汗国成立以前，亦乞列思、巴儿忽、豁里、秃马惕和布里亚特等古老的蒙古各部，曾世代驻牧于美丽的贝加尔湖周围。在统一诸部的过程中，成吉思汗想争取精明强干的孛秃诺颜及其亦乞烈思部，于是以术儿彻丹为使，前往也儿古纳河，试探孛秃诺颜的情况。孛秃得知术儿彻丹为成吉思汗所遣密使，遂设宴宰羊，盛情款待。

当术儿彻丹返回时，孛秃特意送一匹良马为坐骑。术儿彻丹向成吉思汗报告了出使情况并且对孛秃诺颜称赞有加，使大汗十分高兴，考虑将皇妹帖木伦嫁给亦乞列思的孛秃诺颜。孛秃的家族听到这个消息，格外高兴，便派遣能说会道的也不坚歹去成吉思汗处说亲当媒。也不坚歹拜见成吉思汗，十分恭敬地说：“臣闻威德所加，若云开见日，春风解冻，喜不自胜。”大汗自然知道他的来意，便问：“孛秃有多少牲畜？”也不坚歹说：“有马三十匹，请以马之半为聘礼。”大汗听了很不高兴地说：“婚姻而论财，如同商贾作买卖。如今我欲取天下，你们亦乞列思部人，跟随孛秃效忠我就可以了，何必讲财物？”遂将帖木伦嫁给了孛秃诺颜。孛秃率领亦乞列思部归顺了成吉思汗。

当时，札赤剌歹的札木哈和脱斡邻勒等联合诸部，准备以三万人的联军攻打成吉思汗。孛秃诺颜得到情报后，速遣波乐歹、磨里秃秃二人，将情况告诉了成吉思汗，使大汗有所准备。接着孛秃诺颜奉命率领所部人马，与哈剌里、札剌兀、塔儿哈泥等会师，战败了脱斡邻勒等人，缴获了大量辎重。不久，又奉成吉思汗之命，率部参加了征战乃蛮之役，打败了乃蛮部，受到大汗的嘉奖和信任。此时皇妹（成吉思汗之妹）帖木伦去世，使孛秃诺颜十分悲痛。成吉思汗想到孛秃诺颜始终忠诚效力，复以皇女火臣别吉嫁其为妻。

1215 年，孛秃率领亦乞列思部官兵二两千余人，参加太师国王木华黎大军，攻取辽东、辽西之地，以功获封辽西冠懿二州为领地。不久，孛秃又率部参加木华黎大军，在征讨西夏时，于军中病死。成吉思汗得知，表示甚为惋惜，令孛秃子锁儿哈承袭官位。

在太宗窝阔台时期，锁儿哈奉命率部参加了南征，受到了大汗的称赞和嘉奖，将斡赤（窝阔台之子）之女安秃公主嫁给了锁儿哈，并赐以金锦、金带、七宝鞍。当锁儿哈得病时，窝阔台汗特意把他叫到中都，养身治病，不久病逝于中都。其妻安秃公主所生之女日后成了蒙哥汗的皇后。

锁儿哈去世后，其子札忽儿臣继承父业，效忠大汗。他率领本部人马奉命参加了贵由（窝阔台子）领导的征讨万奴之役，军中立功，使窝阔台汗颇为满意，遂命亲王安赤台以女也孙真公主妻之。可惜驸马札忽儿臣未能长寿，中年病逝。札忽儿臣有子二人，长子为月列台、次子为忽怜。他们兄弟二人忠诚勇敢，均受朝廷的重用。尤其，次子忽怜胆识过人，作战勇猛，备受忽必烈汗的赏识。此时，他已娶伯牙鲁罕公主（蒙哥汗之女）为妻，成了汗国的驸马。当漠北的玉木忽儿（阿里不哥子）、明理铁木儿、脱黑帖木儿等人举行叛乱时，忽必烈汗抽调南征的主力军，开往漠北。忽怜驸马率部参加了北征大军，与脱黑帖木儿军大战终日，使脱黑帖木儿败走。忽必烈汗得知战况很高兴，复将不兰奚公主（蒙哥汗孙女）嫁给了忽怜。

1287 年，东北宗王乃颜、胜纳合儿、哈丹等人起兵反元，与忽必烈大汗分庭抗礼。他们在辽河上游设立了失喇斡耳朵，其势力控制了辽河流域及其大部分地区。忽必烈汗自上都出发，亲自统领两路大军，直奔乃颜的根据地辽河上游。两军对阵交战，战斗十分惨烈，双方损失都比较大。忽怜奉命前往程火失温地方，与薛彻坚会师，准备攻打叛将哈丹。哈丹自恃兵多势众，以为薛彻坚和忽怜之军不敢硬攻。以勇敢著称的驸马忽怜，自领二百人的先锋攻入敌军时，薛彻坚也挥军攻杀，使哈丹不敢轻敌，收军撤走。驸马忽怜如此奉命出征，连续三次征战哈丹，孤军深入，每战必胜，其战绩深受忽必烈汗的赏识。遂赐钞五万贯、金一铤、银十铤，并赐宁昌县为亦乞列思部的领地。忽怜死后，其子阿失也受到元成宗铁穆耳汗的重用和提拔。

元大德五年（1301 年），西北海都和笃哇大举东犯。元成宗铁穆耳派遣晋王甘麻喇和海山远征时，阿失诺颜率部参加远征大军，在哈拉和林北边的迭怯里吉之地，大战海都，海都不敌溃逃。不久，海山的大军在合喇合塔之地，与海都和笃哇交战。海都在败逃的途中病死。英勇善战的阿失，冲入敌阵，拉弓射中了笃哇的膝盖，笃哇号哭逃走，其部众被阿失斩杀很多。

这次远征海都和笃哇的战役中，亦乞列思部及其部长阿失表现特别突出，使众将刮目相看，领兵大帅海山（日后武宗）赐以锦衣。成宗皇帝听到远征结果，特别赏识阿失部长，加赐珠衣并封为宁昌王，在宁昌所在地，设置了王府官属。同时，将成宗皇帝之女亦里哈牙公主嫁给了阿失，使驸马阿失地位显赫，名声在外。仁宗皇帝登位（1312 年）以后，复尚宪宗帝（蒙哥）的曾孙女买的公主为阿失驸马之妻，

开鲁白塔

复赐以宁昌县的税入。

当时，元朝皇帝都信崇佛教，建寺修塔是人们真诚信佛的象征。因此，元大都、上都以及应昌、全宁、大宁、宁昌等路州之地，到处都有佛寺禅林。据《元史》记载，仅元上都一地，所建佛寺多达一百六十七座。当时，身为宁昌王的驸马阿失，也深受元朝朝廷好佛和两位公主（亦里哈牙公主和买的公主）的影响，在自己管辖的宁昌王府所在地，兴建禅林、修筑佛塔是必然的事。因此，开鲁的白塔是在1301年至1316年间，亦乞列思部驸马阿失当宁昌王时期所修建的，至今已有近七百年的历史。

开鲁白塔属于藏传覆钵式多门吉祥塔，此塔与辽金时代所建的佛塔有所不同。白塔通高16.5米，其塔体由塔座、钵体（塔瓶）、相轮和塔刹组成，全部为青砖砌筑。此塔原有塔台，呈浑圆状，修缮后成正方形，边长16米，高为1.2米。整个塔座由塔基和须弥座组成，边长6米，高4.1米。塔基之上为逐渐内收的七层须弥座。塔座中心地表下，有按佛教规矩所封存的“装藏”。“装藏”里有梵文和藏文的经咒，此外还有五宝、五谷、五药、五香。塔座正南面假开一拱门，深0.3米，高1.5米，宽为0.8米。须弥座之上的塔瓶高3.7米，塔肚直径为3.9米。塔瓶四面各置一个龛门（佛眼），南面龛门下还有一个封闭式拱门。塔瓶以上为代表十三天的十三相轮和塔刹。

这是至今保存完好的元代覆钵式白塔，是非常珍贵的历史文物。

## 西夏死城哈拉浩特古塔

交通如此发达和方便的今天，众多旅游爱好者和有理想远走天涯海角的著名旅行家们，不应把自己的旅游活动和高尚的兴趣限制在土木石料和水泥砖块所修饰的亭堂楼阁、园林拱桥等狭小天地里，应该面向博大精深的中华文明，去走访撼人心魄的神秘的大自然和神奇的古代文明。内蒙古浩瀚无际的巴丹吉林大沙漠边缘的古城哈拉浩特及其佛塔，就是您游览的理想的选择。

著名的哈拉浩特古城，位于巴丹吉林大沙漠的西北边缘，其实也在茫茫的大漠之中。曾经看过浩瀚无际的巴丹吉林大漠的旅游者们，为巴丹吉林陡峭的沙峰、宏大的气势、流金的色彩所震撼，觉得除了上帝，谁也无法揭开它神秘的面纱。

曾探险过巴丹吉林的内蒙古自治区学者董培勤先生谈到：巴丹吉林位于内蒙古自治区阿拉善盟境内，面积 59400 平方公里，东西长 270 公里，南北宽 220 公里，是内蒙古自治区最大的沙漠，位居世界第四。然而，巴丹吉林沙漠之高堪称世界之最。沙丘平地崛起 200 ~ 400 米，最高的巴彦诺尔、吉诃德等沙峰约在 500 米以上，是我国也是世界最高大的沙峰。人们站在沙山之下仰视，有目眩耳鸣之感，就是善爬沙峰的骆驼也望而却步。只有生长在巴丹吉林当地的土著骆驼才能在沙海中步履艰难地行走。

如此神奇莫测的大漠沙峰，历史上一度是西夏王朝的管辖地。党项族所建立的西夏王朝在巴丹吉林大漠的西北边缘筑建了它的军事重镇哈拉浩特（黑水城）。哈拉浩特地处额济纳河（黑水河）下游的绿洲地带，是从河西走廊通往漠北的必经之路。1226 年，成吉思汗亲率蒙古大军征伐西夏王朝时，首先攻下哈拉浩特，并沿着额济纳河进入河西走廊，从而灭了历史上的文明古国西夏王朝。元朝建立后，1286 年，忽必烈在哈拉浩特设置了亦集乃路，以作军事重镇，便于控制西北诸国。亦集乃路总管府设置后，当时居民除党项族和藏族外，还有大量迁来的蒙古人、回纥人和汉人。

哈拉浩特（黑水城）的城垣经过西夏和元代两次修建，其城垣东西宽 438 米，南北长 347 米。据史料记载，城内共建有七座佛寺和许多佛塔，其佛寺大都建于西夏王朝时期，并且是以藏传佛教噶玛噶举派寺院为主。在元代，城外还兴建了佛寺和许多佛塔。位于哈拉浩特城中心的高台上所修筑的一座佛寺，较为独特壮观，寺庙后边有三座并列的高大雄伟的藏式覆钵式白塔。在西北角城墙上也建有覆钵式佛塔五座。最大的一座建在西北角台上，用土坯垒砌，高达 13 米。

额济纳旗哈拉浩特古塔

高台上的塔基为正方形，塔基上为逐层内收的五层须弥座，须弥座托举着覆钵式塔瓶，塔瓶之上为十三相轮。这座古塔为藏经塔，建于元代。经数百年风沙侵袭，依然耸立云霄，远在数十里外，就能看到这座雄伟的古塔，成为哈拉浩特的显著标志，是藏传佛教的造化。

当成吉思汗的蒙古军队攻入河西走廊，与西夏王朝作战过程中，其境内三千多座寺庙受到程度不同的破坏。由此，可以看出，当时西夏王朝佛教文化发展的盛况以及其主流是藏传佛教噶玛噶举派。噶玛噶举派与西夏王朝的关系十分密切，河西走廊乃至哈拉浩特（黑水城），都是藏传佛教噶玛噶举派发展的势力范围。

据史料记载，西夏第五代皇帝仁孝时期，就曾派人去西藏，邀请噶玛噶举派的创始人都松钦巴（1110 ~ 1193 年）去西夏弘扬佛法。虽然，都松钦巴大师本人未能去西夏，但是他派遣了自己的弟子格西藏波瓦。格西藏波瓦被西夏国尊为上师，其传法活动比较顺利。比格西藏波瓦晚些时候，还有一位噶举派大师藏巴敦库巴率领众弟子来到河西走廊，并经哈拉浩特（黑水城）去过蒙古地方（约 1210 年）并运用神通，使当地蒙古人的牛羊避免了遭受冰雹的损害。不久，藏巴敦库巴又从蒙古之地回到西夏管辖地哈拉浩特（黑水城）。

过了十几年，成吉思汗听说有一位噶举派的高僧活动于哈拉浩特和张掖之间，很有名声，于是，派人邀请了藏巴敦库巴。藏巴敦库巴从哈拉浩特启程，在离西夏北部边境不远的地方拜见了成吉思汗并讲解了很多佛法和真言。当时，成吉思汗正准备攻打西夏，因阿儿不合在地方围猎中受伤，故暂缓进兵。1226 年，蒙古大军由哈拉浩特攻占龙首山和张掖时，在此地传法活动的藏巴敦库巴喇嘛前来会见成吉思汗，劝他不要滥杀无辜和破坏寺庙，大汗采纳了他的部分建议。

西夏王朝灭亡后，噶玛噶举派喇嘛们依然到蒙古统治下的西夏故地从事传法活动，其中最为典型的人物是著名的噶玛拔希。据史料记载，1253 年后，噶玛拔希却吉喇嘛经张掖到达哈拉浩特，并在此驻锡传法了几年。另据藏文资料称：西夏和蒙古交界处，噶玛拔希修建了一座寺庙叫显化寺，藏名为赤囊朱必拉康庙。这里所说的西夏和蒙古交界，就是哈拉浩特。当噶玛拔希准备返回西藏时，接到了蒙古蒙哥大汗的诏书，令他到蒙古会见大汗。1256 年，噶玛拔希自哈拉浩特启程，来到当时的蒙古首都哈拉和林，拜见了蒙哥大汗，大汗赐给他一顶金边黑色僧帽及一颗金印。

1260 年，忽必烈与阿里不哥兄弟之间为争夺大汗之位而发生了战争。1261 年，阿里不哥兵败。无辜的噶玛拔希却有了帮助阿里不哥的嫌疑，遂被忽必烈投入监狱，后又被流放到盖乌曲地方。1264 年，噶玛拔希以无罪获得释放。在此期间，忽必烈听从八思巴喇嘛的建议，有意安排了噶玛拔希与八思巴斗法显神通。其神通仅次于莲花生大师（西藏人的说法）的噶玛拔希也不好退却，于是，他穿山而过，神通无碍，又腾空而起，显示了“空中跏趺”的高超神通，使忽必烈和察必皇后及满朝文武大臣无不目瞪口呆。

这些故事和人物涉及哈拉浩特（黑水城）的佛寺及古塔，因此，有必要介绍和了解这座千年古城。

## 济公式高僧纪念塔

在朝拜阿拉善福因寺的人群中有很多文人和学者，他们不顾旅途劳累，千里迢迢来到福因寺的目的，不仅想目睹古刹福因寺的神秘雄姿，而且更想瞻仰闻名中外的济公式奇人阿格旺旦德尔的纪念塔。

阿格旺旦德尔的纪念塔位于福因寺西北的山包之上。这座纪念塔以汉藏组合式建筑组成，由塔台、塔基（坛城）以及藏式塔刹部分组成。塔体通高约 8 米，其塔台呈正方形，边长为 4 米，高为 0.5 米。塔台之上为塔基，也呈正方形，高约 5 米。塔基上方盖以黄色琉璃瓦的飞檐，是属于汉式风格的塔基。塔基的四面，用蒙汉两种文字刻写

阿拉善贺兰山寺高僧阿格旺旦德尔纪念塔

“阿格旺旦德尔拉隆巴纪念塔”。在汉式风格的塔基（坛城）之上为藏式风格的塔刹部分，其实所谓的塔刹，就是小型精巧的藏式覆钵式佛塔。其白色的正方形塔座之上的塔瓶（塔肚）、相轮、双耳、日月（仰月），均以鎏金铜制。

在阿拉善地区来说，阿格旺旦德尔并不是什么“转世”活佛或呼图克图，但是阿格旺旦德尔一生中所取得的语言文学及密宗修行方面的卓越成就，早已闻名中外、有口皆碑，深受当地牧民的敬重和爱戴。阿拉善的牧民和僧人都称他为“神奇的僧人”或“济公式的喇嘛”。正因为这样，为了纪念这位杰出的僧人，阿拉善的牧民出资修建了这座雄伟的纪念塔。

清乾隆二十四年（1759 年），阿格旺旦德尔诞生于阿拉善的一个牧民家。十多岁时，其父母把他送到阿拉善王府衙门所在地的延福寺，开始让他拜师学习藏语和经文。几年的时间很快就过去了，阿格旺旦德尔长大了，懂得了不少东西。通过别人的启发和介绍，他逐渐了解到，青藏安多地区是学习佛教的理想之地。于是，他决心远走青藏安多地区，以寻求佛学的真谛。

1776 年，十九岁的阿格旺旦德尔告别了延福寺，背着行李，跟随家乡的香客，来到青海著名的寺院塔尔寺，住寺学习了一个时期。有一天，偶然的机会，碰见了来自西藏的商队使他非常高兴。他主动地帮助商队，处理了一些事情，取得了商队头目的好感。他趁此机遇，跟随商人艰难地长途跋涉，来到了圣城拉萨。经人引见和介绍，比较顺利地走进了著名的黄教寺院哲蚌寺，在一位藏族喇嘛手下当上了徒弟，开始了真正僧人的生涯。可是阿格旺旦德尔是聪明过人、悟性非凡的人，他并不满足于日复一日、按部就班地念经和背诵经咒，他认为只有找到真正的高僧，才能学习和掌握佛法的真谛。1779 年，六世班禅大师巴丹益喜应乾隆皇帝之诏，自日喀则扎什伦布寺启程，前往避暑山庄承德，路过拉萨时，驻锡于哲蚌寺。借此机会，阿格旺旦德尔前去顶礼膜拜，并希望大师为他看“卦”。班禅大师看了阿格旺旦德尔所抽之“卦”便说：你应该寻拜无影（日照身旁无影子）之人为师。接着大师讯问了阿格旺旦德尔的情况，勉励他好好学习佛经佛法。

从此，阿格旺旦德尔每天都寻找和观察无影之人，希望他早一点出现。于是，他装扮成香客，每天站在哲蚌寺大经堂旁边，仔细观察早课或“满迦”经会结束后所出来的众僧影子。有一天，果然有一位四十多岁的人，走出经堂，身无旁影。此人走近台阶准备穿靴时，阿格旺旦德尔走到跟前。帮助他穿靴时，该喇嘛问他：你是什么人？阿格旺旦德尔说：我是您的徒弟。那位喇嘛更疑惑不解：你何以成为我的弟子？阿格旺旦德尔将班禅大师所说的话如实地告诉以后，跟着这位喇嘛来到他的住所。这位喇嘛叫隆都勒•阿旺罗桑，是精通五明学的高僧。他对阿格旺旦德尔说：我们有师徒之缘，你具有慧眼，但是对外不要随便讲；作为格鲁派的僧人你要永远记住，宗喀巴大师教导我们，学习佛法必须显密相结合，必须首先学好佛教理论，其后方可以修炼密宗，这也是格鲁派与其他教派的区别所在。

从此，他遵从其师父阿旺罗桑的安排，与其他众僧开始涉足佛教的五明学。五明学内容越学越深奥，但是，阿格旺旦德尔凭其超人的记忆和非凡的悟性，经多年的努力，精通了五明学的重点部分。当时哲蚌寺的喇嘛们无不称赞阿格旺旦德尔超人的智慧和坚忍的毅力，人们称他为“阿拉善奇人”、“智慧之囊”。在哲蚌寺学习十三年之后，阿格旺旦德尔顺利完成了学习，取得了拉然巴学位。

几年之后，阿格旺旦德尔回到故乡阿拉善，经延福寺来到新建的福因寺，受到本寺道布藏活佛的格外器重和关照。但是，据说此时的阿格旺旦德尔拉然巴的言谈举止，似乎变成了另外一种人。对此人们有种种议论，有的认为阿格旺旦德尔是饱学之士，满腹经纶、智慧外露，行为不羁在所难免；有的也说显密具通、修炼有成，真正懂得掌握了佛学的真谛，懂得并沟通了内外佛性，超越了宗派，超越了所谓的清规戒律，变得潇洒自在、无拘无束、顺乎自然。因此，人们逐渐称他为“奇人”、“怪人”或“济公式的喇嘛”等等。关于这一点，民间传说也比较多。

当时，福因寺南边山口处，有一座破旧的蒙古包，那就是阿格旺旦德尔拉然巴的驻锡之地。平时，阿格旺旦德尔习惯于独居单身，不穿僧服，一身俗人打扮，头缠白毛巾、手持旱烟杆，无拘无束地进出于哲学部（参尼札仓）辩经殿。终于引起非议，告到道布藏活佛那里。但是，道布藏活佛也是去西藏深造之人，他对阿格旺旦德尔十分了解：阿格旺旦德尔虽不是活佛，但是他很深的造诣和修为，早已超过了一般的活佛。因此道布藏活佛对此类非议根本不当回事。

有一天，寺院的住持特意派遣两个喇嘛说："旦德尔不参加经会，整天呆在透风的破包里，究竟在干什么，你们去看看。"两个喇嘛遵住持的指示，来到旦德尔的蒙古包时，正在抽烟的阿格旺旦德尔问道："请往里坐，你们有啥事？"说完将旱烟杆挂在透射进来的光线之上。两个喇嘛大惊失色，跑回去告诉主持："真不可思议。"众喇嘛听了好生奇怪，于是，又有几个小喇嘛悄悄走近阿格旺旦德尔的蒙古包时，只见蒙古包被红光所包围。红光之内，有几个头上有角、手持刀剑的护法神正在跳舞，令喇嘛们惊慌失措，夺路逃走。从此，无人再敢悄悄偷看阿格旺旦德尔的蒙古包了。

有一次，在哲学部辩经殿，修造了"度母"像，准备开光。道布藏活佛发话说："要请旦德尔拉然巴开光。"于是遵从活佛的指示，前去旦德尔拉然巴蒙古包，与他约好了开光的时间。第二天，旦德尔拉然巴头戴白巾，身穿俗装，手持旱烟杆，走进了辩经殿。朝格沁格斯贵作为教务主任，平时权力比较大，但是，按照规矩，他必须给前来开光的高僧叩头施礼。于是，朝格沁格斯贵上前给旦德尔拉然巴磕头时，旦德尔拉然巴把旱烟杆放在朝格沁格斯贵的额顶上，表示予以"加持"。接着，旦德尔拉然巴走到每座佛像跟前，吹了一口旱烟气，然后走到佛座跟前，用烟锅头敲打了三下，表示开光已毕，扬长而去。众喇嘛从未见过如此开光，但是，寺主道布藏活佛点头满意，别人就无话可说了。

不久，道布藏活佛有事出远门，暂时不能回寺。此时，常驻北京的著名大活佛土观去青海佑宁寺时路过阿拉善，来到福因寺要住一个时期。这使该寺的众喇嘛非常高兴并纷纷前来顶礼膜拜。众喇嘛向主持堪布提出建议，将辩经殿内的"度母"像再次开光。主持堪布觉得有道理，于是前去奏告土观活佛，希望为"度母"像开光。土观活佛欣然答应了他们的要求。第二天，土观活佛进殿上坐以后，观察了片刻说道："已经开光了为什么还找我，给予开光的这个人功力比我强，能力比我高。"然后起身回到自己的住处。众喇嘛好生奇怪，走到"度母"供桌前，都惊呆了。旦德尔拉然巴三次敲击的烟灰都变成了"佛像"，众喇嘛不得不佩服旦德尔拉然巴的神奇功力。

由于旦德尔拉然巴的缘故，福因寺参尼札仓（哲学部）的学习气氛比较活跃，在这位高僧的影响和指教下，哲学部培养出了不少人才，社会上也有好评。当出门的道布藏活佛回来后，众喇嘛向他极力推荐旦德尔拉然巴，让他当哲学部的上师，道布藏活佛也欣然答应了他们的要求。当穿好喇嘛服饰的旦德尔拉然巴到哲学部时，受到该学部众僧的隆重欢迎。旦德尔拉然巴在参尼札仓上师的座位上坐了一天便说："我已完成了葛根交给的任务。"回去后就不来了。按理讲，参尼札仓的上师，应该有三年的坐床指教任务，而旦德尔拉然巴一天就完成了。

那时候，有一个名叫敖特根的小喇嘛，来到旦德尔拉然巴的蒙古包，要拜师学经。几年后，敖特根喇嘛经其师父旦德尔拉然巴的许可，前往拉萨哲蚌寺学习。深造多年，取得了拉然巴学位。返回故乡阿拉善，首先去看望他的根本师父旦德尔拉然巴。

此时，"怪人"旦德尔拉然巴已搬到乡下，娶了老婆，安家立业，自由自在。他看到弟子学成归来非常高兴，挽留敖特根住了些日子。在师父家里敖特根闲着没事干，就帮助师父上山放羊。上山时他的师父告诉敖特根：一群羊共有二十只，上山后好好数一数，别给丢了。于是，他遵照师父的吩咐，数了一天，不是少了就是多了，真正的数字始终没有掌握清楚。晚上回来后，把数羊的情况告诉了他的师父。旦德尔拉然巴说："叫你上山数羊是个'空性'理论的课题，你虽然取得了拉然巴学位，但是你还未弄通佛教理论的本质，这是很深的学问，你需要补课。"

敖特根决定再次去西藏学习几年，以充实自己的学问。当第二天临走时，他的师父再次挽留说："你不要着急，我已经年迈体衰，事不兴，你留下来跟我老婆住一宿，怎么样？"敖特根听了以后羞得无地自容，提上行李走出了蒙古包。其师父旦德尔拉然巴若无其事地从后边喊："到前边山口，往后看一眼。"敖特根走到山口，转过身往后看时，山坡上出现了红光笼罩的坛城，坛城之上胜乐佛与旦德尔拉然巴的妻子并肩坐着。敖特根顿时感悟到，旦德尔拉然巴的老伴是"红度母"的化身，其师父那句话的含意是叫他修炼密宗。此时，他真正了解到旦德尔拉然巴是名副其实的高人了。

## 大漠中的达喇额肯塔

乘车从阿拉善盟所在地巴彦浩特出发，行至西北的豪斯布尔都苏市不久，便可抵达大漠中的古寺达喇额肯庙。达喇额肯庙虽不是规模宏伟、金碧辉煌的佛教大寺，但其寺院旁边的八座并排的佛塔，却雄伟挺拔，美观典雅。其不凡的雄姿和气度，无形中点缀和美化了漠中古刹达喇额肯庙，也提高了该寺的影响。在内蒙古地区现有的佛塔之中，如此并排的八塔极为罕见。

阿拉善达喇额肯白塔

达喇额肯系蒙语，意为“度母”。该庙位于阿拉善左旗豪斯布尔都市陶利嘎查驻地。据有关史料记载，阿拉善旗的一等台吉纳市济勒多尔吉向来对佛教十分虔诚。他曾了解到，修建寺庙和佛塔是功德无量的大事，其功德不但能够帮助弘扬佛法、令众生听到佛陀的教义，而且能够得以自我解脱。于是，他下定决心，在阿查布拉格地方（也就是陶利）修建一座寺院，以实现其多年的夙愿。

要实现这一愿望只凭个人的人力和财力是不行的，于是，纳市济勒多尔吉台吉到达福因寺，与道布藏活佛联系，说出了自己的计划，希望福因寺在人力、财力等方面予以帮助。在福因寺的大力支持和周围牧民的协助下，于嘉庆二十四年（1819 年）建成了该庙，取名为“达喇额肯庙”。纳市济勒多尔吉台吉特意将自家所供奉的“绿度母”佛像奉送至“达喇额肯庙”加以顶礼供养。福因寺方面不但以财力支持了“达喇额肯庙”，而且特意派遣了一名沙布楞和一批喇嘛，来“达喇额肯庙”常驻弘法，因此人们将“达喇额肯庙”称为“福因寺”的属庙。

在蒙、藏地区供奉“度母”是常见的现象，而且有其特殊的意义和功能。信奉和从事佛教的人们都会了解，观世音菩萨的化身很多，她能够化为二十一位救度母（其中自然有绿度母和白度母及红度母），均是女性化的菩萨。据《大日经》记载，这些女性化的度母都是从观音菩萨的眼睛之中演化出来的。二十一度母的身色彼此不一样，有金色的、蓝色的、白色的、绿色的、红色的等等。但是最受人尊敬，寺庙里见得最多的是绿度母和白度母。

白度母蒙语称为“查罕达喇”，她的双手和双足上各生一眼，头上又有三只眼，所以也被称为七眼女。据说她的性格最为温柔善良，头脑非常聪颖，没有什么秘密能够瞒得过她。因此，蒙藏牧民们有什么烦恼的事，都要求助于她。她也总能热心救助人们，所以被称为救度母。白度母的形象也很容易识别。她头戴着古代印度贵妇人花冠，发髻高耸，双耳坠着大环，袒露着的上身上斜披着络腋，帔帛环绕，双脚盘坐在盛开的莲座上；左手持一朵曲颈的莲花，右手掌向外，表示接受人们的求助，形象优美生动。

绿度母也是极为善良多情、助人为乐的菩萨。据说，供奉绿度母能够解脱八种苦难，即狮难、象难、蛇难、火难、水难、牢狱难、贼难、非人难，所以俗称救八难度母。正因为这样，一等台吉纳市济勒多尔吉特意修建了“达喇额肯庙”，其内供奉了救八难的绿度母。绿度母的形象与白度母有所不同，最显著的不同是她的身色是绿色的，左手拿一朵莲花；双腿不像白度母那样盘坐，而是左腿单盘、右腿向下舒展，脚踏在一朵莲花上。与白度母还有一个不同之处，她只有两眼，不像白度母那样在额上和手心、脚心上还有眼睛。

一等台吉纳市济勒多尔吉将“达喇额肯庙”建成以后，听从喇嘛们的建议，又修造了吉祥塔、长寿塔之类的佛塔，但是，这些佛塔由于某种原因，均已倒塌。其后，阿拉善的牧民们将原塔修复成并排的八座白塔，它的意义远远超过了普通的吉祥塔和长寿塔。每座白塔高约 10 米，由塔基、塔肚（坛城）、相轮和日月等部分组成。塔基呈正方形，塔基之上为五级逐渐内收的须弥座，代表高大无比的须弥山。须弥座的上方为塔肚（塔瓶），代表帝释天所住的善见城。每个塔瓶都有龛门，也叫佛光门。这也是所有的覆钵式佛塔的基本造型。

但是并排的八座白塔，具有它特殊的意义。此塔，名为“八宝如意塔”，也叫“八相成道塔”或“八相示现”。也就是表示释迦牟尼佛一生所经历的八个主要阶段，以启迪无明，弘法利生，所以八塔各有不同的含意义。

降兜率。释迦牟尼降生前，原为菩萨，住在兜率天内院，凡四千年。释迦牟尼观察五种因缘（时间、地点、国家、家庭、父母）已经成熟，便决定降生人间，度化众生。

托胎。释迦牟尼化乘六牙白象，象口含白色莲花，下降北天竺迦毗罗卫国，从净饭王夫人摩诃摩耶的左肋入胎。

出生。四月八日，释迦牟尼诞生于兰毗尼园的无忧树下，成为悉达多太子。据说，太子下地能走，周行七步，步步生莲花，并且举目四顾，自谓：“天上天下，唯我独尊。”时天雨香花，九龙吐水，为太子沐浴。

出家。太子看到世间老、病、死等无常之苦，而产生修道之念。在一个月明之夜，太子毅然抛弃王位、财富和妻子，悄悄离开王宫，决心到深山僻林中去寻求解脱人生痛苦的真理。黎明，太子抵达罗摩村，自剃须发，披上袈裟，并遣侍者车匿回城向净饭王报告他已出家。太子时年二十九岁。

降魔。太子在苦行林中修六年苦行，形体枯瘦，仍未见道。他便放弃苦行，受牧女乳糜之供，恢复了健康。太子来到附近一株大菩提树下，以吉祥草敷设金刚座，东向端身正坐，发誓："我今若不证，无上大菩提，宁可碎此身，终不起此座。"他在树下宴坐四十九天，克服了内外的种种"魔障"。

成道。四月初八日，夜睹明星，豁然悟透一切事物缘起无我之理，成就无上"正等正觉"。世人尊称他为"佛陀"（意为觉者），圣号"释迦牟尼"，时年三十五岁。释迦牟尼成道时说："奇哉，奇哉！大地众生皆有如来智慧德相，但以妄想执着，不能证得。"指出一切众生皆有佛性。

转法轮。释迦牟尼成道后，先赴鹿野苑度化五比丘，以后陆续又度化了一千余人。释迦牟尼便率领一千二百五十徒众，周游各地，宣讲佛法。释迦牟尼推动正法之轮，碾破异端邪说，弘扬佛法，称为"转法轮"。在四十五年中，释迦牟尼深入民间，说法度众生。

涅槃。释迦牟尼八十岁时，自知住世度生的因缘已满，便来到拘尸那城娑罗林中，进行最后一次说法后，右侧而卧，安详地寂灭了。

佛涅槃后，大弟子迦叶担心徒众痛不欲生，嘱人画"如来一代所有化迹"、"始从诞生，乃至倚卧双林"，此即"八相成道图"。后世也根据此图修建并排的八座佛塔，纪念佛祖释迦牟尼，以推动法轮，度化有缘众生。

## 伊金霍洛的乌拉召佛塔

乌拉召位于伊金霍洛旗台格苏木的查干淖尔，是很早修建的古寺，为乌兰葛根的牧区寺院，藏名为“热西苏德那木达尔杰林寺”，汉名为“吉祥福慧寺”。该寺始建于大清雍正年间，经几次移址，最后于清道光十年（1830年）搬到台格苏木查干淖尔的小山梁之上。

乌拉召原来就有大雄宝殿(朝克沁殿)以及经堂、护法神殿，塔殿、还有供养历代乌兰葛根的舍利塔。乌拉召的寺主和活佛是如今健在的十一世乌兰葛根。在这位著名活佛的努力下，已被毁坏的乌拉召得以恢复和重建，同时修复了挺秀壮观的五座覆钵式白塔，这也是乌兰葛根为弘扬佛法所作的贡献。

1920年，十一世乌兰葛根生于鄂尔多斯郡王旗王府。他的父亲是成吉思汗的第23代直系后裔亲王图布兴吉日嘎拉，母亲为额尔德尼其其格。乌兰葛根出生后，起名为巴图敖其尔，两岁时，被认定为十世乌兰葛根的转世灵童。1925年，亲王和僧俗千余人将十一世乌兰葛根护送至札萨克召，举行了较为隆重的“坐床”典礼，并受沙弥戒，取名为嘎拉僧海日布丹毕尼玛。1928年，前往塔尔寺学法深造，其驻锡时间长达10年。于1938年应鄂尔多斯札萨克王之邀，前往鄂尔多斯，进行了为时5年的弘法活动。不久，又返回青海塔尔寺。1946年，在塔尔寺，乌兰葛根身披无量光袈裟，由金刚上师阿拉格·吉格米德飞仁扎木苏大师宣布任命为传戒堪布。1948年，又改任为居巴札仓堪布。

1951年，班禅大师应党和政府的邀请前去北京参观游览时，乌兰葛根也作为塔尔寺的代表陪同班禅大师一同前往，受到了毛泽东、刘少奇、朱德、周恩来等党和国家领导人的亲切接见。并且应毛泽东主席的邀请陪同班禅大师前往中南海，受到了毛泽东主席的热情款待。

1952年，乌兰葛根正式出任塔尔寺第八十四任法台。内蒙古的蒙古人出任塔尔寺的法台，这还是第一次。当时，塔尔寺上下都公认，乌兰葛根是一位造诣深广、学识渊博、精通佛法的高僧大德。他曾回忆担任塔尔寺法台时的情况：“当时，情况比较复杂，如果没有班禅大师等诸多高僧大德们的护持，如果没有诸多虔诚僧俗众人的齐心帮助，特别是如果没有青海省党和政府在经济方面的大力协助，我本人根本无法圆满完成塔尔寺法台这一重任。”不久，由阿如拉葛根接任了塔尔寺法台之职。乌兰葛根则应阿拉善亲王达理札雅的邀请，前往阿拉善王府及各寺院，进行了讲经和灌顶等佛事活动。

1954 年 10 月，应塔尔寺之请，前往塔尔寺参加了将接待达赖和班禅二位大师的准备工作。1955 年，以塔尔寺代表的身份迎接并接待了达赖喇嘛和班禅大师。

1957 年，乌兰葛根及其随从一道，从塔尔寺出发，前去西藏佛教圣地拉萨。首先朝拜大召、小召，然后去罗布林卡，向达赖喇嘛奉献了哈达、曼扎、佛经、佛像、两锭元宝、两匹绸缎，拜谒了达赖喇嘛。达赖喇嘛非常热情地接待了他并进行了愉快的谈话。

1958 年，届时达赖喇嘛亲自册封乌兰葛根为“显法乌兰呼图克图”并赐给他册封书、大小印玺及伞盖等呼图克图所需仪仗用品和许多珍奇礼品。（参见《内蒙古喇嘛教纪例》嘎拉僧苏德那木文）

党的十一届三中全会后，宗教界的状况也得到了很大的改善。并于 1980 年 12 月，召开了“文革”以来首次全国佛协代表大会。会议召开的前一天，班禅大师突然亲自来到乌兰葛根的住处，在塔尔寺时相识的师徒二人久别重逢，格外高兴，以非常愉快的心情，交谈了很长时间。

1988 年，召开全国政协和全国佛协会议时，班禅大师再次来到乌兰葛根所下榻的宾馆，看望并进行长时间交谈后，将乌兰葛根请至自己家中设宴款待。可见，班禅大师与乌兰葛根之间的友谊和师徒之情（参看《内蒙古喇嘛教纪例》）。

1996 年，国家财政又拨款 10 万元，修复了他已被破坏的家庙“吉祥福慧寺”，同时修复了雄伟壮观的五座佛塔，也可称之为五佛塔。五佛塔坐落的形式与呼和浩特金刚座舍利宝塔相同，中间一塔很高，约有 10 余米，其四角上的四座白塔比起中间佛塔稍低一点。但是五佛塔的造型为菩提塔之型（覆钵式塔），与金刚座舍利宝塔不一样。

乌拉召五佛塔由塔基、塔瓶、相轮、日月组成。塔基呈正方形，塔基与须弥座相连，塔瓶代表帝释天所居的善见城，相轮代表成佛的修行等级。塔内装藏有经卷和五部经咒，完全能够代表“法身舍利”，因此，也可称之为“法身舍利塔”。

## 科尔沁唐阿里克庙佛塔

唐阿里克庙，位于哲里木盟（今改为通辽市）科左中旗花土古拉苏木北 5 公里处。汉名为“寿安寺”。因为地处原达尔汉亲王府驻帐的伊克唐阿里克坡，故称其为“唐阿里克庙”。

在清代，达尔汉旗（科左中旗）筑有 40 多座较有影响的庙宇。其中，唐阿里克庙地位较高、影响较大，是达尔汉旗的旗庙。该处的白塔也是全旗之内最雄伟壮观的喇嘛塔。

原达尔汉亲王满珠习礼曾经驻帐（也算王府）的伊克唐阿里克坡，顾名思义是结盟发誓之意。过去，人们随意编造故事称：此处是达尔汉亲王举事反清、聚众盟誓的地方，这是毫无根据的妄说。众所周知，漠南 49 旗王公当中，惟科尔沁诸亲王对清廷最为忠诚，备受青睐，并无反清之事。伊克唐阿里克坡的地名颇有来历，在满族统治者和科尔沁诸亲王的记忆里并非寻常之地。它象征着科尔沁与满族统治者共同发誓结盟，彼此信任、互不侵犯、相互帮助的特殊意义。

据《满洲实录》记载，天命九年（1624 年），“后金”国主努尔哈赤为了进一步削弱和孤立蒙古林丹汗，希望强大的科尔沁部保持中立，与“后金”修好，特意派遣巴克什库儿禅和希福前往科尔沁。与科尔沁部长奥巴洪台吉约好具体时间和地点，并在科尔沁满珠习礼台吉（此时还未封为亲王）驻帐所在地见面，举行“盟誓”。是年二月，双方在满珠习礼驻帐所在的土山坡集会，设坛盟誓。其仪式，刑白马乌牛，置酒一器、肉一器、骨血及土各一器，焚香誓曰：“满洲，科尔沁二国愤察哈尔侮慢，是用缔结盟好，昭告天地。今后满洲若惑于察哈尔诈谋、受其馈赠及美物，不预闻科尔沁，先与之合，天地降之罪，殃及其身，如此血，如此骨，如此土，俾坠厥命。若科尔沁惑于察哈尔诈谋馈赠美物，不预闻满洲，先与之合，降罚亦如之。”此类“盟誓”蒙语谓“伊克唐阿里克”，从此将此坡称之为“伊克唐阿里克坡”。

林丹汗得知科尔沁部长奥巴洪台吉等与满族人“盟誓”通好，非常生气。于是1625年，林丹汗亲自率领内喀尔喀五部的部分兵力，前往科尔沁奥巴洪台吉所驻的格勒珠尔根城，围城问罪。此时，奥巴洪台吉早已派人向“后金”国主努尔哈赤求援。努尔哈赤即命三贝勒莽古尔泰、四贝勒皇太极率领精骑五千，由农安塔前来援助奥巴洪台吉，林丹汗不敌，收兵撤走。从此，科尔沁部与“后金”的关系更趋于密切。

1625年农历二月，科尔沁台吉乌克善（后来的卓哩克图亲王）将其13岁的妹妹（著名的孝庄文皇后）送到后金，与当时的四贝勒皇太极成婚，崇德元年（1636年）被封为庄妃，崇德三年正月，生顺治帝。庄妃长得如花似玉，秀美动人，有关她的传说也很多，这里不必多说。

人们也许把“伊克唐阿里克坡”视为风水宝地或具有历史纪念意义的地方，将旗庙修建于此。但是，修建唐阿里克庙的准确年代，无法确定。据有关资料说，该庙兴建于清乾隆年间。初建之时，是一座具有三层殿宇的81间苏克沁大殿。当时，章嘉•若比多吉和土观•罗桑丹毕尼码主持翻译的《丹珠尔》经，市刻刊印完毕，乾隆帝下令外藩蒙古诸札萨克和各地寺院集资请回一部蒙文《丹珠尔》经。于是，达尔汉亲王罗卜藏衮布等也集资，从北京请回一部《丹珠尔》经，供于唐阿里克庙之内。

该庙经历代达尔汉亲王的不断捐资扩建，以雄伟的苏克沁殿为中心，形成了规模较大的寺院群落。宏伟壮观的81间苏克沁大殿是本寺的正殿，也是大经堂。三层苏克沁大殿的右侧为大佛殿，内供七尊大佛，东侧靠南为满然巴喇嘛和主持喇嘛驻锡之宫。大经堂至垂花门过道右侧为钟楼，左侧为鼓楼。垂花门后院正中为大佛殿。该殿的西侧为本寺呼图克图的驻锡之宫，东侧为存放寺庙日常用具的仓库。唐阿里克庙极盛时期，常驻喇嘛约有1000余人，其活佛共转世了三代。

这座大佛殿的后边有一座穆然屹立的大白塔，该塔并不是高僧喇嘛的舍利塔，而是供佛塔。此塔通高为11.7米，由塔台、塔基、塔瓶、塔刹等组成。塔台为正方形，边长为3米，高3米。塔台之上的塔基也呈正方形，其边长为2.5米、高3米。塔基之上有逐渐内收的五层阶梯式须弥座。须弥座之上为覆钵式塔瓶，塔瓶的正南面有佛光眼。塔瓶之上为十三相轮和日月盘。

1927年6月，九世班禅大师应达尔汉亲王那木济勒色楞之邀请，来到科尔沁左翼中旗，在唐阿里克庙驻锡“摩顶”，又到该旗的玛拉沁庙进行佛事活动。这一年冬季，班禅大师在唐阿里克庙驻锡过冬。

1928年4月，班禅大师在唐阿里克庙举行了“时轮金刚大法会”。前来参加法会，听经受益的各地蒙古族群众云集于唐阿里克庙。在唐阿里克庙周围方圆十多里，摆满了勒勒车，搭起蒙古包及帐篷，人们都以能谒见班禅大师为一生最大荣耀。前来听经的蒙古族群众达17万余人。当时目击者记述，每当班禅大师行走时，前边由达尔汉王那木济勒色楞、温都尔王杨申扎布手持香火引路，两边沿途人跪在路旁迎送。当班禅大师讲经法会开始之际，螺号法鼓齐鸣，达官贵族、上层喇嘛跪坐在大殿内外，聆听经声；地方官员以及大小随员到大殿院外站立；而普通百姓则排列到数里之外，静听远方传来的声音。特别是班禅大师举行“摩顶”仪式时，人们更是争先恐后地接受摩顶，然后领得一条“缨子”，把这个吉祥如意的象征物系在脖子上，感到无限幸福（参看《内蒙古喇嘛教纪例》，乌云高娃文）。同时“供养”的金、银、驼、马、牛、羊无数。

班禅大师弘法于科尔沁成为当时的一大盛事，为唐阿里克庙增添了光彩，也提高了它的知名度。1928年7月，在达尔汉旗，班禅大师圆满结束了弘法活动，便动身前往土谢图旗白音和硕大庙，尔后又到札萨克图旗陶赖图格根庙，举行过第二次“时轮金刚大法会”。

由于唐阿里克庙的根本施主那木济勒色楞亲王长期居住于沈阳等处，很少看顾本旗王府和唐阿里克庙，使唐阿里克庙逐渐失去了往日的光环，香火每况愈下。在土改之时，这一数百年间不断完善和充实的民族文化遗产毁于一旦。

## 白音和硕庙内齐托因舍利塔

闻名于东部科尔沁大草原的白音和硕庙，位于兴安盟科尔沁右翼中旗的白音和硕镇内，俗称“伊克苏莫”（大庙），是土谢图亲王旗庙，也是科尔沁部的主庙。

无论是建寺的年代之早，还是地位名声之高，该部的其他庙宇都无法相比。从清康熙年间始，经不断修筑和扩建，在白音和硕庙周围先后建了双福寺、慈福寺、广福寺，阐教寺等五座庙宇，常驻喇嘛500余人。随西藏佛教的传播和发展，在数百年之内，白音和硕庙的周围也出现了很多美观挺秀的高僧舍利塔、骨灰塔以及供佛塔和藏经塔等。其中，最著名的是佛教高僧内齐托因的舍利塔。

白音和硕庙始建于17世纪40年代，其开创者就是著名的内齐托因呼图克图。

1557年，内齐托因生于西蒙古的四卫拉特之土尔扈特部落。其父为拥有一万精兵的墨尔根•特木纳台吉。当初，佛教传入四卫拉特地区之时，墨尔根•特木纳台吉起了很大作用。他带领卫拉特部商队到漠南地区，进行边境贸易时，将察干诺门汗请到四卫拉特地区，使四卫拉特人皈依了佛教。

其子阿必达（内齐托因）自幼聪慧而善良，富于慈悲心，从小就有了出家为僧的念头。其父母得知，只好让他结婚成家，以阻止其出家为僧的念头。但是，谁也无法动摇他出家为僧的意志。有一天，他果然远离家乡，经过极其艰苦的长途跋涉，来到了西藏。他在扎什伦布寺，拜师班禅大师，取法名为净戒，并用功学经，修法深造，很有成就。不久，班禅大师告诉他：“你的弘法地域在东方。”他听从班禅之命，奔赴东方。在呼和浩特周围的阿巴嘎喀喇山和却图苏密尔山的岩洞之内，闭关修行三十五年，证得“无上菩提”，获得“惊人的法力”和“无碍神通”。

据传，有一年，呼和浩特地区将近三个月没有下雨，旱情十分严重。土默特部鄂市布洪台吉派人去请博克达察干喇嘛和阿尤喜固什等催雨。他们奉命设坛作法，手舞足蹈，念念有词，但是始终没有成功。最后，鄂市布洪台吉听取博克达察干喇嘛的建议，派人去阿巴嘎喀喇山内齐托因所修行的山洞，希望内齐托因施法催雨，以解旱情。内齐托因也不好推辞，施法以后，果然下了七天七夜的大雨。

据传，有一天，鄂市布洪台吉在自己的帐幕之内设宴招待其所属部落的诺颜们，突然看见有一个衣衫褴褛的僧人从远处走来。为了撵走这个僧人，鄂市布洪台吉命令家奴放开了如狼似虎的两条猛犬。猛犬到内齐托因跟前，如同见到久别的主人，摇头摆尾，十分亲善。人们看见此般情景，无不惊讶，觉得此僧并非凡人。于是，鄂市布洪台吉将其请进帐内，入席就餐。

关于内齐托因，还有一个传说。说是有一次，内齐托因在喀尔喀西南部的阿尔泰沙漠内闭关修行时，前往北京的卫拉特商队 500 多人路经此地。在大沙漠里，他们找不到饮用水，正在发愁之时，内齐托因施法下雨，给他们解决了饮水困难问题，使他们十分感激。商队问他需要什么物品时，内齐托因指着跟前的一匹烈马说：“我需要这匹烈马。”商队的人们没想到这位老喇嘛竟提出这样的要求，因为人们都知道，那匹烈马从未让人骑过，野性难驯，谁也不敢骑，何况年迈的老僧。可是，内齐托因径直走到烈马跟前，也不用马鞍，翻身上马，随意奔跑了一阵，把马还给了商队，观者好生奇怪。

1628 年前后，内齐托因出山后，带领他的三十名弟子，东赴察哈尔、扎鲁特、敖汉、巴林、翁牛特、奈曼、科尔沁、扎赉特等地，宣扬佛教。同时，沿途斗法，运用其神通，战胜了很多萨满教的巫师。

内齐托因带领的三十名弟子，走进科尔沁部境内，碰见了一位双目失明的著名巫师。该巫师自知业障较深，不如一死了之，于是，躺在荒草野外等候死亡来临。内齐托因的弟子们看到他非常可怜，把他带到内齐托因跟前，希望其师父设法挽救这个双目失明的巫师。经内齐托因进行治疗，巫师的双眼如同脱胎再生，得以复明，其惊喜之情难以言表。

当时，驻牧于科尔沁部西南地区的和硕卓哩克图亲王乌克善是个非常喜欢打猎的人。他曾有一只猎鹰，能横捕飞鸟，察哈尔林丹汗遣人欲取，乌克善爱不释手。土谢图汗奥巴得知，也派人劝其要敬重自己的蒙古大汗，一只猎鹰不足为惜。奥巴自己曾有一匹好马名“杭爱”，日行500里，闻名科尔沁草原，却献给了林丹大汗。于是，乌克善将猎鹰献给了林丹汗。有一天乌克善亲王打猎回来后，叫人给他念《米拉日巴传》，当听到米拉日巴的苦行精神和玛尔巴大师的无情鞭挞，眼泪夺眶而出，面露悲愁之情。其母宾图哈屯问他为何这般，乌克善亲王说：“我何时能见到米拉日巴这样的得道高僧？”其母宾母哈屯却有点预测之能，于是就告诉他：“数月之后，便有佛缘。”（参看《内齐托因传》）

数月之后，内齐托因领其众弟子来到乌克善王府，使宾图哈屯非常高兴，在王府南面的场地设帐款待众僧。此时，乌克善打猎归来，就问：“此处谁人驻帐？”他母亲说：“他们就是与你有缘分的喇嘛。”亲王见到其梦寐以求的高僧而特别高兴，于是派人召集札萨克和硕达尔汉亲王满珠习礼、郡王奇塔特、多罗贝勒绰尔济、札萨克多罗冰图郡王及其他王公、台吉等，接受了内齐托因的“灌顶”和“加持”，同时供养了很多珍品。从此，内齐托因成了科尔沁十旗王公顶礼供养的喇嘛。

后来，土谢图亲王巴达礼、卓哩克图亲王乌克善和达尔汉亲王满珠习礼等与众台吉商议，准备共同出资为内齐托因修建一座寺院，让他驻锡弘法。当让内齐托因选择所喜欢的风水宝地时，他说：“白音和硕为善地。”届时，科尔沁诸王公们出资，大兴土木，于1640

年前后，建成了白音和硕庙（大庙）。内齐托因的弘法活动，也引起了当时统治者的注意和重视。清太宗皇太极通过科尔沁的土谢图亲王巴达礼，邀请了内齐托因。内齐托因带领其众弟子到盛京（今沈阳），受到清太宗的热情款待和丰厚的供养。以后不久，便返回科尔沁白音和硕庙。

内齐托因在以科尔沁为中心的东部各地，弘法顺利，名声大振。当时，锡埒图库伦（今库伦旗）的主持西布扎喇嘛（原为萨迦派）向来与内齐托因不和，并且非常妒忌内齐托因的威望。于是，他趁进京办事之机，无中生有地控告内齐托因，说他讲经时讲错了《雅门达克》经。顺治帝听了后，表示不懂此事，要等候五世达赖喇嘛来处理此事。1652 年，农历十二月十六日，五世达赖喇嘛率领其随行队伍，到达北京，住进了清廷为他修建的黄寺。五世达赖听取此案时，责成负责有关方面的嘎巴喇公调查处理此事。这位嘎巴喇公向来与西布扎喇嘛关系密切，他们相互密谋之后，作出了官方决定：令内齐托因不许在科尔沁等地弘法，也不许再住白音和硕庙，将其 60 名弟子交给西布扎喇嘛管理，并责令内齐托因迁往呼和浩特驻锡。

1653 年，内齐托因奉命前往呼和浩特小召。是年十月，内齐托因返回科尔沁白音和硕庙并在此圆寂，享年 97 岁。土谢图亲王巴达礼等亲自主持修建了高大的藏式喇嘛塔，准备将内齐托因的舍利存入"供养"。据传说，将其遗体火化时出现了很多舍利，亲眼目睹的人无不惊叹。土谢图亲王巴达礼出巨资，进京（北京）请工匠，特制了极其精美的银质小塔。把内齐托因的舍利放进银制小塔之内，然后把小银塔放进喇嘛塔的塔瓶（有佛光眼）之内加以"供养"。

据《内齐托因传》记载，内齐托因的结发妻子及儿子额尔德木达赖，行程万里，从遥远的土尔扈特部来到科尔沁白音和硕庙，准备相见团聚。内齐托因说："我是出家人，没有家室和儿子。"其妻子和儿子在门外等了三天三夜，不得相见。土谢图亲王巴达礼等劝请也不听。最后，内齐托因说："你当尼姑后，可以相见。"据传后来他的妻子果然剃发当了尼姑。

## 元上都古城众多佛塔

在历史上，曾闻名中外的元上都古城，坐落在锡林郭勒盟正蓝旗敦达浩特东约20公里处。这座规模宏大，壮美辉煌的皇城宫殿旧址，在上都河北岸。当地牧民从不说它是元上都，而称其为“昭奈曼苏市”，其意为108座庙或“多庙”。

皇太极率军攻打明朝军队时，于1634年8月经大同、宣化进抵元上都，看到如此多的旧庙和佛塔，十分惊奇。在此驻营数日之时，牛录（佐领）士兵不懂规矩，竟毁庙取市，使皇太极勃然大怒，将毁庙之士兵缚至军前，各鞭一百惩之。参看《清实录》由此可见，历经数百年的沧桑，被毁坏而遗弃的元上都，仍然轮廓清晰，废庙和塔林尚存，与此事以及它所引发的影响有关。

元上都古城，南临上都河，北倚东西横亘的山冈，群山环抱、山川雄固、风景优美、资源丰富。元代王恽在《中堂纪事》中写道：“盖龙飞之地，岁丙辰始建都城，龙岗蟠其阴，滦河经其阳，山四拱卫，佳气葱郁。”1275年，意大利旅行家马可·波罗也曾到元上都，拜见忽必烈皇帝，受到厚待。《马可·波罗游记》曾这样描述元上都：“终抵一城，名曰上都，现在在位大汗之所建也。内有大理石宫殿，甚美，其房舍皆涂金，绘种种鸟兽花市，工巧之极，技市之佳，见之足以娱人心目。”

元上都始建于1256年，经三年修筑，到1259年落成。1260年10月，忽必烈在此登基为蒙古大汗，建元中统，将上都城定为元朝最初的首都。上都由外城、皇城、宫城和关郊部分组成。外城围长约17里，全部是板筑土墙，外围以壕沟，每面各开二门。皇城在外城的东南角内，其东、南两面的城墙，各为外城。东、南两面城墙的一段，周长约10里。城墙系板筑土墙外包砌石片，东西各开二门，南北各开一门。门有瓮城和城楼，四面都有马面，四角有角楼。宫城在皇城中心偏北，周长4里，东、南、西各开一门。门有城楼，四角也有角楼。历史上的元上都，曾经是寺庙林立，佛塔成群的古都。

元上都白塔

据《元史》记载，元上都佛寺之多，其数竟达167座。在这众多的庙宇中，寺名可查的有天元寺、乾元寺、万安寺、南寺、龙光华严寺、开元寺、弥陀院、庆安寺、弘正寺、黄梅寺、帝师寺。皇城的西北角和东北角，有规模较大的寺院和佛塔，著名的乾元寺和龙光华严寺就坐落于此处。在外城的南部，也就是外城和皇城之间，也有很多庙宇和四方形佛塔遗迹，尤其在北城墙外侧，有很多四方形台基。

据史料记载，元代所修藏式佛塔的外观，与明清时期的佛塔基本相同，但是元代佛塔的相轮部分比较粗大，与其整体比例适当，尤为壮观。在城内外修建如此众多的庙宇和佛塔，无疑为元上都带来了浓厚的佛教气氛。

元上都的佛事活动，每年多达上百次（如念经、灌顶、受戒、祈福、法会等），其中规模最大的佛事活动是“游皇城”（即转塔和转经轮）。每年的六月十五日举行一次。届时，置白伞盖一个，顶用素缎，用泥金书写梵文，用诸色仪仗导引，自西华门登上皇城，在鼓乐、螺号、念经声中转塔转经轮，并转游皇城一周。据说如此盛大的转塔活动是元世祖忽必烈根据帝师八思巴的旨意举办的，后来成为惯例。

## 辽庆州白塔前的喇嘛塔

人们所熟悉的赤峰市巴林右旗索博日嘎苏木，辽庆州释迦舍利塔，造型雄伟，雕刻精美，是巴林草原上的一大名胜。此处还有一座挺拔俊秀、造型独特，具有藏传佛教特色的喇嘛塔。

此喇嘛塔位于辽庆州释迦佛舍利塔前不远处，其挺秀的雄姿、精美别致的风格、浓厚的藏传佛教色彩，与释迦佛舍利塔迥然不同。所谓造型独特和别致，指该覆钵式喇嘛塔的设计独具匠心，与众不同。该塔通高约12米，由双层塔台、双层塔基、双层须弥座和塔瓶组成。低层塔台高约3米，有拱门，上层塔台也有3米，两面有拱门。塔台之上有逐渐内收的塔基和须弥座。须弥座之上有粗大的塔瓶，俗称“善见城”。此“善见城”之上还有小塔基、须弥座和塔瓶，其上为相轮部分。此塔均采用砖石结构并涂以白色，人们称该塔为帕格巴扎布所建供佛塔。

庆州白塔前的喇嘛塔

帕格巴扎布于大清光绪年间生于巴林右旗索博日嘎苏木，其一生颇有传奇色彩。他从小出家当喇嘛，勤奋好学、天资聪明，到20多岁时已通晓蒙、汉、藏等几种语言，喜好独自坐禅修行，故此，远近人们都称他为帕格巴扎布禅师。之后，帕格巴扎布禅师到达五台山学经修法数年。

当时，巴林右旗松津台庙的格根云敦扎木苏去五台山进香朝拜时，突然想起了他的同窗好友帕格巴扎布。人们告诉他：你的好友帕格巴扎布早已“闭关”修行，进入三摩地境界，恐怕难以相见。云敦扎木苏说：“未积功德，却急于成佛，岂能圆满乎？”于是走到洞口，将封口的泥土推倒，将帕格巴扎布拉出来。当时这位修行喇嘛脸色苍白，头发和指甲很长，瘦骨如柴，不能言语。云敦布扎木苏叫人把他抬到寺院，过半天才苏醒过来。他不但不感谢云敦扎木苏，还埋怨他破坏其修行，自造业障。

帕格巴扎布从五台山返回巴林右旗并未驻寺念经，却周游各旗，治病救伤，深受敬重。数年之后，在阿力玛图山悬崖之下，他找到一个山洞，又“闭关”修行了一个时期。山洞前不远处，有一眼“泉水”，很多病人去喝泉水或用泉水洗患部之后，都奇迹般地得以康复。于是，人们都相互传说，“泉水”经帕格巴扎布禅师“加持”以后，具有了非凡的效用。

帕格巴扎布的父亲叫巴音都古市，这个人特别喜欢打猎。有一天，他打猎回来后，得了一个怪病，多处求医、无人能治。无奈之际，巴音都古市到阿鲁科尔沁旗的洞科尔喇嘛处，希望能够治好他的病。洞科尔喇嘛说：“你儿子就能治好。”他回去以后，把儿子叫来，给他讲了自己的病情。帕格巴扎布却说：“这点小毛病无所谓，主要是杀生太多所引起的，今后不打猎杀生，此病自然会好。”他相信了儿子的话，马上停止打猎杀生，不久，他的怪病果然好了。

与此同时，尹扎干庙的达喇嘛毛查干因学经修法方法不对，终于走火入魔，得了精神病。其家人到处找医生请喇嘛进行治疗，也不见效果。后来到阿鲁科尔沁旗汗苏市的察干格根处，请他指点方法。察干格根说：“这类怪病，除非帕格巴扎布，恐怕别人不行。”帕格巴扎布得知此事后，决定去一趟尹扎干庙。当他走进乌珠穆沁旗境时，一条大白狼横卧于路上，似乎等待帕格巴扎布。他向来艺高胆大，从不怕任何东西，径直走近白狼跟前，白狼让路退走。帕格巴扎布到达乌珠穆沁的尹扎干庙仔细了解毛查干喇嘛的病情，得知该喇嘛由于急于求成，修法失控、精神失常，并非药物所能治疗。帕格巴扎布运用特殊的方法和本领，果然治好了毛查干喇嘛的怪病，名声大振。

据记载，帕格巴扎布出资修建这座喇嘛塔的同时，在其两侧又建造了两座“法轮”都贡，内各安装一个大“法轮”。在“癸丑之乱”（1913 年）中，帕格巴扎布所建索博尔嘎塔被烧毁，他又出资重修，使古塔得以复原。

# 后　记

《内蒙古旅游文化丛书》是一部专门展现内蒙古独特旅游资源，集趣味性与知识性为一体的大众化旅游读物。

时值该《丛书》出版之际，恰逢内蒙古自治区党委于2013年3月提出“8337”发展思路，要把内蒙古建设成为“体现草原文化、独具北疆特色的旅游观光、休闲度假基地”。为更好地体现这一重要的发展思路，同时满足更多旅游者和广大读者的需要，2013年初，经内蒙古人民出版社提议，决定重新编撰出版《内蒙古旅游文化丛书》，为内蒙古打造“体现草原文化、独具北疆特色的旅游观光、休闲度假基地”尽绵薄之力。

此次出版的《内蒙古旅游文化丛书》由《内蒙古古塔》、《内蒙古古城》、《内蒙古寺庙》、《内蒙古清真寺》、《内蒙古自然奇观》、《蒙古包文化》、《蒙古族服饰》、《蒙古族民俗风情》、《蒙古族饮食文化》、《春天里盛开的映山红——达斡尔族风情》、《天边那绚丽的彩虹——鄂温克族风情》、《高高的兴安岭——鄂伦春族风情》、《内蒙古考古大发现》组成。此次出版，对2003年9月出版的《内蒙古旅游文化丛书》进行了调整，将原《来自森林草原的人们——达斡尔、鄂温克、鄂伦春族风情》，一分为三：《达斡尔族风情》、《鄂温克族风情》、《鄂伦春族风情》，同时，除整合《丛书》初版时的个别分册之外，还增加了《内蒙古考古大发现》一册作为《丛书》之一种。同时，每种图书，增加了大量的彩色照片。即将出版的《内蒙古旅游文化丛书》共计13册，170余万字。

经过《丛书》全体新老作者近一年的不懈努力，《内蒙古旅游文化丛书》的编撰工作已圆满完成，并再次得到内蒙古自治区宗教局等有关部门、单位的大力支持。在《丛书》付梓之际，我谨对付出辛劳的各位作者表示衷心的感谢！《丛书》的出版，得到内蒙古人民出版社领导、各汉文编辑部的大力支持，特别是武连生副总编在《丛书》的总体策划方面提出了很好的意见，付出了艰辛的劳动，在此一并表示衷心的感谢！

马永真

2013年11月

于内蒙古社会科学院